JN237634

JIS Q 27001:2014対応

ISO/IEC 27001
情報セキュリティマネジメントシステム(ISMS)
規格要求事項の徹底解説

山﨑　哲
羽田卓郎 [著]

日科技連

本書は、ISO/IEC 27000、ISO/IEC 27001、ISO/IEC 27002、ISO 31000、ISO Guide 73という表記で規格条文を掲載していますが、それぞれJIS Q 27000、JIS Q 27001、JIS Q 27002、JIS Q 31000、JIS Q 0073を引用するに当たり、(一財)日本規格協会の標準化推進事業に協賛しています。なお、これらは必要に応じてJIS規格票を引用してください。

まえがき

　ISO/IEC 27001 は、「情報セキュリティマネジメントシステム(以降、ISMS という)」の要求事項を規定した国際規格である。本規格は、2005 年 10 月に初めて発行され、8 年後の 2013 年 10 月に改正・発行(JIS Q 27001 は 2014 年 3 月改正・発行)された。

　ISO/IEC 27001 が初めて発行されてから改正されるまでの 8 年間、企業や行政機関、また個人の情報の使用形態が多様化するなかで、情報セキュリティにかかわる事件・事故やサイバーテロなどの重大事件が増加し、このような環境の変化に対応するために、情報セキュリティ対策の必要性が年々増してきている。情報セキュリティ対策の中心的役割を果たし、組織の情報セキュリティ管理能力の強化を図る ISMS の役割の重要性は、ますます高まっている。

　本書は、ISO/IEC 27001：2013(JIS Q 27001：2014)の要求事項について、国際規格策定の過程を踏まえ、規格に記述された内容だけでは読み取れない解釈を含めて解説することを通し、規格の正しい要求内容が読者に理解され、以下のようなことが可能になることを目標に執筆した。

　想定している読者は、ISMS の構築、運用にかかわるすべての関係者で、例えば、経営者、代表者、CISO、CIO、ISMS 事務局、ISMS 推進者、ISMS 内部監査員、ISMS コンサルタント、ISMS 審査員及び、これから ISMS を構築しようとするプロジェクトメンバーである。

　本書の執筆で目標としたものは以下のとおりである。

① ISO/IEC 27001 の 2005 年版から 2013 年版への改正で、新しく導入された概念やアプローチを的確に把握することで、より洗練され、効果的な ISMS を構築できる(例えば、情報セキュリティ目的の策定とその達成に向けての取組み)。

② ISO/IEC 27001 の 2005 年版から 2013 年版への改良された変更点について、これまで実施してきた ISMS の成果を活用しつつ、変更によるインパクトに適切に対応できる(例えば、リスクの定義、リスク特定)。

③ 2005 年以来の新しいビジネス環境やシステム環境の変化に対応し、

まえがき

　企業の経営戦略を実現するために、必要かつ有効な ISMS を構築できる（例えば、組織及び状況の理解、リスク及び機会に対処する活動）。

　著者の山﨑は、ISMS ファミリー規格を担当する「ISO/IEC JTC 1/SC 27/WG 1」の主査かつ日本代表として国際会議に参加したうえで、各国との討議を通じ、規格の改正作業に参加してきた。そのため、本書には、その際に討議された規格原案の審議結果や解釈を盛り込むことができた。また、もう一人の著者の羽田も国内の「ISO/IEC JTC 1/SC 27/WG 1」の会議に参加し、国際会議の原案作成にかかわり内容を熟知していると同時に、「日本 ISMS ユーザグループのインプリメンテーション研究会」の主査として、ISMS の計画・構築の研究を実践的にリードしている。また、現役の ISMS コンサルタント、JRCA 承認の ISMS 審査員研修主任講師としても活動しており、本書の解説に、その知見を反映している。

　最後に、本書の執筆にあたり、的確な助言をいただいたリコージャパン㈱のコンサルタント小野等さん、及び、誤字・脱字を発見していただいた、リコージャパン㈱のコンサルタント橋本誠さん、辻井葉子さん、鳥島麻衣さんに厚くお礼を申し上げます。

2014 年 4 月吉日

山﨑哲・羽田卓郎

本書の構成

　2013年のISO/IEC 27001の改正には、2005年発行以降のビジネス環境、システム環境の変化に対応する必要性から、以下のような内容が含まれている。いずれも大きな改正といえるだろう(詳細は**第2章**を参照してほしい)。

① マネジメントシステム規格の共通化を規定する『ISO/IEC専門業務用指針　第1部　第10版』(日本規格協会、2013年)の「(対訳)統合版ISO補足指針—ISO専用手順　附属書SL」を適用した。

② 情報リスクアセスメント及び情報リスク対応、さらにその実施のために、リスクマネジメント規格である『ISO 31000：2009　リスクマネジメント—原則及び指針』の適用。このなかには、リスクそのものの定義、リスクの特定の手順、リスク対応の選択肢・手順など、基本的なアプローチの変更を含む。

③ ISO/IEC 27001の全体のプロセスを通して、重要な基本概念として、情報セキュリティ目的を導入した。

④ 通信分野や金融分野、さらにクラウドコンピューティングサービス事業等の分野別ISMSの構築及び認証のための要求事項を整備した。

⑤ ISO/IEC 27001：2005(JIS Q 27001：2006)では、管理策有効性を測定することが要求されていたが、ISO/IEC 27001：2013(JIS Q 27001：2014)では、要求事項として、情報セキュリティパフォーマンス及びISMSの有効性の評価を規定した。

　これらの改正による変更は、ISMSの基本的概念やアプローチについて、ISO/IEC 27001：2005に比べて大きな変更となったが、組織のISMS運用に対するインパクト(変更対応の作業負荷)よりも、ISMSを新しいビジネス環境及びシステム環境に対応できるというメリットのほうが大きい改正となっている。そのため、組織の管理力を強化し信頼性を高め、ビジネスの発展に寄与するプラスの面として活用できる、改良されたツールとして活用していただきたい。

　そのため、今回の改正については、特に大きな変更点について、時間をかけ

本書の構成

てでも、正しく真の意味を理解し、適切に対応することが、結果的に、大きな価値や利益を得られることになると思う。

本書は、規格が求める要求事項について、そのねらいを明確にし、具体的な事例を含めた解説を通じて理解を助けるために、以下のように構成している。

① 第1章は、「情報セキュリティマネジメントシステムの意義と規格開発・改正の仕組み」を、第2章は「ISO/IEC 27001(JIS Q 27001)の改正の趣旨と主要な改正点」を解説することで、改正の全体像を示した。

② 第3章の「ISO/IEC 27000の用語及び定義」と第4章の「箇条4　組織の状況」から第10章の「箇条10　改善」までを、規格要求事項と対応させて解説することにより、規格を容易に理解できる。第11章は、附属書Aの管理目的と管理策について、管理目的と管理策の読み方と、A.5からA.18の14のドメインの解説及び、個々の管理策の解説を事例を含めて行い、それぞれの管理策が何を求めているのかを明確にした。

③ ISO/IEC 27001：2013(JIS Q 27001：2014)は、第2章の引用規格としてISO/IEC 27000「概要及び用語」を規定している(2013年版からISO/IEC 27001には用語の定義が記述されていない)。したがって、ISO/IEC 27001：2013(JIS Q 27001：2014)の要求事項は、ISO/IEC 27000：2014の「用語」も含めて、要求事項として規定している。そのため、本書では、ISO/IEC 27001の要求事項を解説するためには、ISO/IEC 27001：2013(JIS Q 27001：2014)の記述内容だけでなく、ISO/IEC 27000：2014の「用語」を含めて、要求事項として解説している。したがって、第3章から第11章までは、ISO/IEC 27001：2013だけでなく、ISO/IEC 27000：2014も引用した。

④ 第4章から第11章では、ISO/IEC 27001：2005(JIS Q 27001：2006)をすでに採用している読者のために、旧規格との比較を解説し、新規格対応の補助を提供した。

目 次

まえがき -- iii
本書の構成 -- v

第1章 情報セキュリティマネジメントシステムの意義と規格開発・改正の仕組み ------- 1
1.1 情報セキュリティマネジメントシステム（ISMS）の意義 ------------------------- 2
1.2 ISMS確立のためのISO/IEC 27001とその関連規格の動向 --------------------- 3
1.3 国際規格開発・改正の仕組みとISO/IEC 27001改正の経緯 --------------------- 5

第2章 ISO/IEC 27001の改正の趣旨と主要な改正点 ------------------------------ 7

第3章 ISO/IEC 27001：2013の用語及び定義 --------------------------------- 19
3.1 ISO/IEC 27000ファミリー規格における用語の構成 ---------------------------- 20
3.2 ISO/IEC 27001の「用語及び定義」 -- 20

第4章 箇条4 組織の状況 -- 37
4.1 箇条4.1 組織及びその状況の理解 --- 38
4.2 箇条4.2 利害関係者のニーズ及び期待の理解 ---------------------------------- 39
4.3 箇条4.3 情報セキュリティマネジメントシステムの適用範囲の決定 ------- 41
4.4 箇条4.4 情報セキュリティマネジメントシステム ----------------------------- 43

第5章 箇条5 リーダーシップ -- 45
5.1 箇条5.1 リーダーシップ及びコミットメント ---------------------------------- 46
5.2 箇条5.2 方針 -- 48
5.3 箇条5.3 組織の役割、責任及び権限 -- 50

第6章 箇条6 計画 --- 51
6.1 箇条6.1 リスク及び機会に対処する活動 -- 52
6.2 箇条6.2 情報セキュリティ目的及びそれを達成するための計画策定 ------- 66

目 次

第7章 箇条7 支援 ----- 71
- 7.1 箇条7.1 資源 ----- 72
- 7.2 箇条7.2 力量 ----- 73
- 7.3 箇条7.3 認識 ----- 75
- 7.4 箇条7.4 コミュニケーション ----- 77
- 7.5 箇条7.5 文書化した情報 ----- 79

第8章 箇条8 運用 ----- 87
- 8.1 箇条8.1 運用の計画及び管理 ----- 88
- 8.2 箇条8.2 情報セキュリティリスクアセスメント ----- 89
- 8.3 箇条8.3 情報セキュリティリスク対応 ----- 91

第9章 箇条9 パフォーマンス評価 ----- 93
- 9.1 箇条9.1 監視、測定、分析及び評価 ----- 94
- 9.2 箇条9.2 内部監査 ----- 96
- 9.3 箇条9.3 マネジメントレビュー ----- 99

第10章 箇条10 改善 ----- 103
- 10.1 箇条10.1 不適合及び是正処置 ----- 104
- 10.2 箇条10.2 継続的改善 ----- 107

第11章 附属書A 管理目的及び管理策 ----- 109
- 11.1 管理目的と管理策の読み方 ----- 110
- 11.2 ISO/IEC 27001:2005/JIS Q 27001:2006 からの主な変更点 ----- 110
- 11.3 附属書A「管理目的と管理策」の解説 ----- 111

参考文献 ----- 211
索 引 ----- 212

第 1 章
情報セキュリティマネジメントシステムの意義と規格開発・改正の仕組み

ISO 27001

　情報セキュリティマネジメントシステム（Information Security Management System、以降ISMSという）の意義と、その国際規格であるISO/IEC 27001がどのように開発・改正されてきたかを、ISOの組織の構成や、国際規格の開発・改正のプロセスなどを含めて解説する。

　ISO/IEC 27001やISO 31000を初め、ISO/IEC及びISO規格の多くは、JIS規格として採用され、「ISO/IEC又はISO規格を技術的内容及び構成を変更することなく作成した日本工業規格である」と宣言している。

　なお、本書では、ISO/IEC又はISOの規格として表記している箇所も、JISで発行されている規格に関してはJIS規格票からの引用を行っている。

1.1 情報セキュリティマネジメントシステム(ISMS)の意義

(1) マネジメントシステムとは何か

　ISMS(情報セキュリティマネジメントシステム)は、QMS(品質マネジメントシステム)、EMS(環境マネジメントシステム)、BCMS(事業継続マネジメントシステム)などとともに、国際標準のマネジメントシステムの一つである。

　ISMSの用語が定義されているISO/IEC 27000：2014[1]のなかで、マネジメントシステムは、「方針、目的及びその目的を達成するためのプロセスを確立するための、相互に関連する又は相互に作用する、組織の一連の要素」と定義されている。

　ここでいう組織とは、会社や法人、非営利団体など、自らの目的を達成するために責任や権限をもって活動を行っている人々の集まりであり、重要なことは、「自らの目的を達成する」ことである。したがって、マネジメントシステムは、その組織の目的を達成するための一連の要素(組織の構造、役割及び責任、計画、運用など)といえる。言い換えると、マネジメントシステムなくして、組織の目的を達成することは、困難なのである。

(2) 情報セキュリティとは何か

　情報セキュリティは、ISO/IEC 27000：2014のなかで、「情報の機密性、完全性及び可用性を維持すること」と定義されている。すなわち、情報セキュリティとは、情報の、①機密性、②完全性、③可用性という3つの要件が失われないように維持しておくことである。したがって、以下のことが重要となる。

　(a) 上記の3要件が失われないようにするために、維持する必要のある情報を特定すること

---

1) 以下、ISO/IEC 27000:2014の規格条文については、JIS Q 27000:2014より引用する。「ISO Guide 73：2009」「ISO/IEC 27001：2013」「ISO/IEC 27002：2013」「ISO 31000：2009」についても同様に、それぞれの規格条文については、「JIS Q 0073：2010」「JIS Q 27001：2014」「JIS Q 27002：2014」「JIS Q 31000：2010」より引用する。

(b) (a)で特定した情報を、①機密性の要件(情報の漏えいや盗難などからの保護)、②完全性の要件(情報の改ざんや欠損などからの保護)、③可用性の要件(情報の破壊や紛失などで使用できなくなることからの保護)の要件のうち、どの要件(単独又は組合せ)が失われないように維持するかを決定すること
(c) (a)の情報を、(b)の要件ごとに、それぞれどの程度で維持するか決定すること

(3) ISMSとは何か

情報セキュリティ(IS)分野におけるマネジメントシステム(MS)が、情報セキュリティマネジメントシステム(ISMS。以降「ISMS」という)である。したがって、ISMSとは、情報セキュリティの確立、実施、維持、継続的な改善によって、その組織の目的を達成するプロセスを確立するための、相互に関連又は作用する一連の要素(組織の構造、役割及び責任、計画、運用など)のことである。

(4) ISMSの国際規格制定の目的とねらい

ISMSを確立し、実施し、維持し、継続的に改善するための要求事項について規定した国際規格が、ISO/IEC 27001である。しかも、この規格は、組織のニーズに応じて調整した情報セキュリティリスクアセスメント及び情報セキュリティ対応を行うための要求事項についても規定している。

さらに、ISO/IEC 27001は、ISMSの要求事項への適合を宣言する(認証を取得する)場合のISMS認証基準(審査基準)として適用される。

1.2 ISMS確立のためのISO/IEC 27001とその関連規格の動向

ISMS要求事項を規定した国際規格が、ISO/IEC 27001であるが、ISMSの概要と用語、構築・運用のためのガイドライン、適合性評価の要求仕様、分野

図表1.1　ISO/IEC 27000 ファミリー規格一覧

規格番号	JIS Q	規格タイトル	現状
27000	27000	ISMS 概要及び用語	改正済み
27001	27001	ISMS 要求事項	改正済み
27002	27002	情報セキュリティ管理策の実践規範	改正済み
27003	—	情報セキュリティマネジメントシステムの実施の手引き	改正中
27004	—	情報セキュリティマネジメント測定	改正中
27005	—	情報セキュリティリスクマネジメントガイドライン	改正中
27006	27006	情報セキュリティマネジメントシステムの審査及び認証を行う機関に対する要求事項	改正中
27007	—	情報セキュリティマネジメントシステム監査ガイドライン	制定済み
27008	—	情報セキュリティ管理策に関する監査者のための指針ガイドライン	制定済み
27009	—	セクター/サービス分野別の第三者の認定された認証のための ISO/IEC 27001 の利用及び適用	制定中
27010	—	セクター間及び組織間コミュニケーションのための情報セキュリティマネジメント	制定済み
27011	—	ISO/IEC 27002 に基づく通信事業者のための情報セキュリティマネジメントガイドライン	改正中
27013	—	ISO/IEC 27001 と ISO/IEC 20000-1 との統合した実施に関するガイドライン	改正中
27014	27014	情報セキュリティガバナンス	制定済み
27015	—	金融サービスのための情報セキュリティマネジメントガイドライン	制定済み
27016	—	情報セキュリティマネジメント　組織の経済性	制定済み
27017	—	ISO/IEC 27002 に基づくクラウドコンピューティングサービスのための情報セキュリティ管理策の実践規範	制定中
27018	—	パブリッククラウドコンピューティングサービスのためのデータ保護管理策の実践規範	制定中
27019	—	エネルギー業界向けプロセス管理システムのための ISO/IEC 27002 に基づく情報セキュリティマネジメントの指針	制定済み

別ガイドラインなど、ISO/IEC 27001 の要求事項を補完し、又は有効活用するための関連規格である ISO/IEC 27000 ファミリー規格は、**図表1.1** のように制定・改正されている。

1.3 国際規格開発・改正の仕組みとISO/IEC 27001 改正の経緯

(1) 国際規格開発・改正の体制

ISMS の国際規格である ISO/IEC 27000 ファミリー規格は、国際標準化機構（ISO：International Organization for Standardization）及び国際電気標準会議（IEC：International Electrotechnical Commission）の情報技術を担当する第一合同技術委員会（JTC 1：Joint Technical Committee 1）のセキュリティ技術を担当する第27副委員会（SC 27：Sub Committee 27）、第1作業グループ（WG 1：Working Group 1）が担当している。

セキュリティ技術を担当する SC 27 は、**図表1.2** のとおり、5つの作業グループから構成され、各作業グループは、以下の分野に関して担当している。

- WG 1：ISO/IEC 27000 ISMS ファミリー規格
- WG 2：セキュリティ技術、仕組み
- WG 3：セキュリティ評価基準
- WG 4：ネットワークセキュリティ、アプリケーションセキュリティ、事業継続計画、その他
- WG 5：プライバシー、Identity 管理、Biometrics

(2) 国際規格開発・改正のプロセス

国際規格は、以下のステップで、開発・改正を実施する。

- SP（Study Period）：規格開発プロジェクト妥当性検討期間
- NP（New work item Proposal）：新規作業項目提案、投票
- WD（Working Draft）：作業原案の作成、審議
- CD（Committee Draft）：委員会原案の作成、審議、投票
- DIS（Draft International Standard）：国際規格原案の作成、審議、投票
- FDIS（Final Draft International Standard）：最終国際規格原案の作成、投票
- IS（International Standard）：国際規格の発行

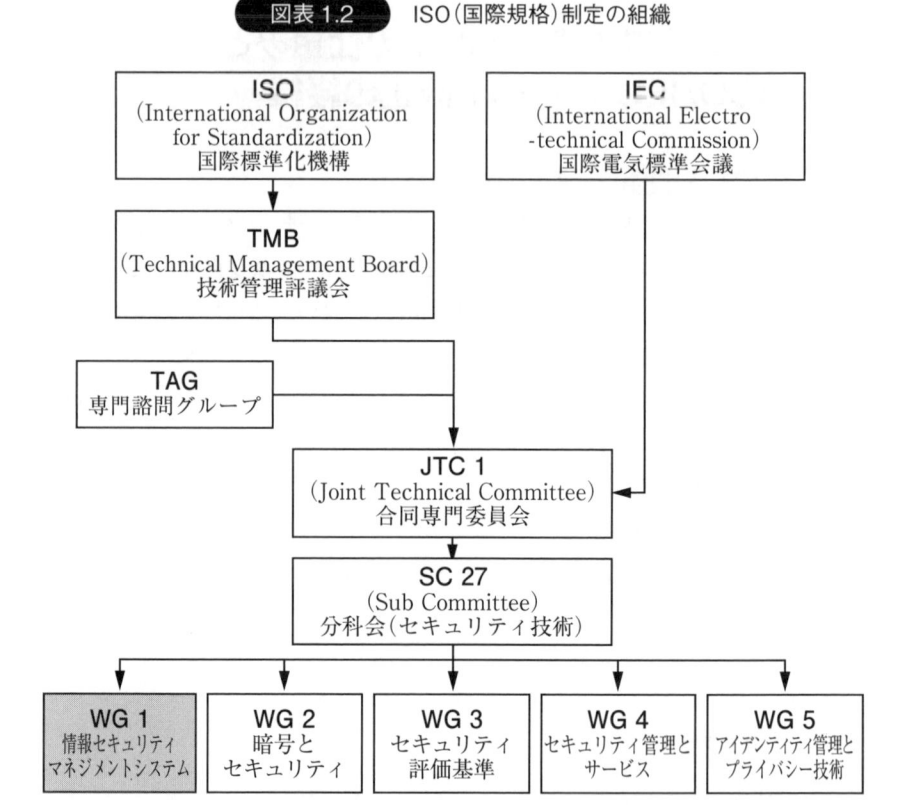

図表1.2 ISO（国際規格）制定の組織

```
ISO                                IEC
(International Organization        (International Electro
 for Standardization)              -technical Commission)
 国際標準化機構                     国際電気標準会議

         │
         ▼
        TMB
(Technical Management Board)
   技術管理評議会
         │
   ┌─────┤
   │     │
  TAG    │
 専門諮問グループ
         │
         ▼
        JTC 1 ◄──────────────
(Joint Technical Committee)
    合同専門委員会
         │
         ▼
        SC 27
    (Sub Committee)
  分科会(セキュリティ技術)
```

WG 1	WG 2	WG 3	WG 4	WG 5
情報セキュリティマネジメントシステム	暗号とセキュリティ	セキュリティ評価基準	セキュリティ管理とサービス	アイデンティティ管理とプライバシー技術

（3）　国際会議における編集会議の概要

　国際規格は、年2回開催される国際会議の国際規格ごとの編集会議で、審議され、開発作業を実施する。
　SC 27国際会議での審議の概要は、以下のとおりである。
- SC 27のWG 1 ～ WG 5の全体で開催する。
- 1回当たり50カ国以上、150人程度以上の参加がある。
- 国際会議で各国より提出されたコメントによる編集会議が行われる。
- 決定事項（Resolutions）と改正後の新しいテキスト配布が行われる。

第2章
ISO/IEC 27001の改正の趣旨と主要な改正点

ISO/IEC 27001の改正の趣旨と、新マネジメントシステム規格(MSS)の標準化の適用も含めて、主要な改正点について、解説する。

第2章 ISO/IEC 27001の改正の趣旨と主要な改正点

■ ISO/IEC 27001の改正の趣旨

ISO/IEC 27001が2013年に改正された。趣旨は、以下のとおりである。
① 2005年以後のマネジメントシステム規格に対する共通化の要求に対応するために、マネジメントシステム規格の共通化を規定した『ISO/IEC専門業務用指針 第1部 第10版』(日本規格協会、2013年)の「(対訳)統合版ISO補足指針―ISO専用手順 附属書SL」(以降Annex SLという)[1]を適用し、Annex SLが規定する上位構造(HLS)、共通の細分箇条題名、共通テキスト並びに共通の用語及び中核となる定義に基づいて、改正を実施するため。
② ISO/IEC 27001の計画段階の情報リスクアセスメント及び情報リスク対応と、その実施のために、リスクマネジメント規格である『ISO 31000:2009 リスクマネジメント―原則及び指針』を適用するため。
③ マネジメントシステム及びリスクマネジメントの観点から、ISO/IEC 27001の全体のプロセスを通して、重要な役割を果たす基本概念として、情報セキュリティ目的(Information security objective)を導入するため。
④ 通信分野や金融分野、さらにクラウドコンピューティングサービス事業などの分野別ISMS構築及び認証の要請に対応すべく、ISO/IEC 27001における分野別ISMS構築及び認証のための要求事項を整備するため。
⑤ 『ISO/IEC 27001:2005』では、管理策有効性を測定することが要求されていたが、改正後の『ISO/IEC 27001:2013』では、情報セキュリティパフォーマンス及びISMSの有効性を評価することを要求事項として、明確に規定するため。

経済産業省は、ISO/IEC JTC 1/SC 27における『ISO/IEC 27001:2013』

---

1) 「ISO補足指針」とは、ISO規格を制定する際に使用するルールの1つであり、ISO規格を開発・改正する際に従うべき指針である。

の改正に対応し、この国際規格に変更を加えない日本工業規格として『JIS Q 27001：2014』への改正を実施した。

（1） マネジメントシステム規格の共通化の適用

ISO/IEC 27001：2013 で実施された改正の第 1 のねらいは、マネジメントシステム規格の共通化を適用することである。

（a） 共通化の目的

マネジメントシステム規格を共通化する目的は、組織が複数のマネジメントシステムを導入する場合に、マネジメントシステム間の整合性向上を図り、組織の負担を軽減するためである。ただし、それぞれのマネジメントシステム規格は、今後も独立した規格である。

例えば、下記のようなマネジメントシステム規格のなかで、組織が、複数のマネジメントシステム規格を導入したい場合、規格が共通化して規定されていると、組織の構造、役割及び責任、計画、運用などの局面で、統合した構築が可能となるので、組織の負荷を軽減できる。

ISO のマネジメントシステム規格の事例を以下に示す。
- 品質：ISO 9001
- 環境：ISO 14001
- 情報セキュリティ：ISO/IEC 27001
- IT サービス：ISO/IEC 20000-1
- 事業継続：ISO 22301

（b） 共通化の方法

マネジメントシステム規格の共通化は、以下の 3 つの定義を基に、成立させている。
① 第 1 の定義：上位構造（HLS）である目次
② 第 2 の定義：共通テキスト
③ 第 3 の定義：共通の用語及び中核となる定義

上記の定義は、Annex SL に規定されており、マネジメントシステム規格を

第2章 ISO/IEC 27001 の改正の趣旨と主要な改正点

制定・改正する場合は，Annex SL に定義されているこれら3つの定義の使用を，義務付けている．

① 第1の定義：上位構造である目次
- 序文
- 1　適用範囲
- 2　引用規格
- 3　用語及び定義
- 4　組織の状況
- 5　リーダーシップ
- 6　計画
- 7　支援
- 8　運用
- 9　パフォーマンス評価
- 10　改善

② 第2の定義：共通テキスト

　Annex SL は、上位構造の各章ごとに共通テキストを定義している。なお、ISO/IEC 27001：2013 は、共通テキストに加えて、ISMS 固有テキストを追加した内容になっている。共通テキストと ISMS 固有のテキストを識別するために、**第4章**から**第10章**の規格引用箇所において、ISMS 固有のテキスト部分を太字で記述している。

③ 第3の定義：共通の用語及び中核となる定義

　ISO のマネジメントシステム規格全体(例えば、ISMS、QMS、EMS)で共通に使用する用語と定義を、Annex SL で規定している。

　例えば、以下のような用語及び定義が規定されている。

■計画に関連する用語
- 組織(organization)
- リスク(risk)
- 方針(policy)
- 目的(objective)
- トップマネジメント(top management)

■運用に関連する用語
- プロセス(process)
- 外部委託(outsource)

■パフォーマンス評価に関連する用語
- 測定(measurement)
- 監査(audit)

■改善に関連する用語
- 是正処置(corrective action)

(2) 『ISO 31000：2009 リスクマネジメント―原則及び指針』に基づく情報セキュリティリスクアセスメント及びリスク対応

ISO/IEC 27001：2013 の改正の第2のねらいは、ISMS の基本とする情報セキュリティリスクアセスメント及びリスク対応として、リスクマネジメントの国際規格である ISO 31000：2009 を適用することである。

マネジメントシステムには、リスクマネジメントの要求事項をもつものともたないものがある。2009 年にリスクマネジメントの一般的な指針を示す ISO 31000：2009 が発行され、汎用の指針として認知されている。これらの背景から、ISO/IEC 27001：2013 では、情報セキュリティリスクアセスメント及びリスク対応について、ISO 31000：2009 と親和性のある記述を、ISMS 固有テキストとして加えている。該当要求事項は、主に「箇条6 計画(Planning)」に置かれている。

改正後の ISO/IEC 27001：2013 の情報セキュリティリスクアセスメント及びリスク対応が、ISO 31000：2009 を適用することに変わったことから、改正前と比較すると、以下の特徴を挙げることができる。

① ISMS におけるリスク(risk)の定義は、リスクの用語規格である ISO Guide 73 に基づいて、「目的に対する不確かさの影響」と定義する。改正前のリスク(情報セキュリティリスク)は、資産(asset)、脅威(threat)、ぜい弱性(vulnerability)に基づいて特定することが要求されていたが、新しく、ISO 31000 の「5.4.2 リスク特定」では、「リスク

源(risk sources)、事象(events)、それらの原因(causes)及び起り得る結果(potential consequences)の特定」と変更されている。これは、まったく新しい概念となっている。

② リスクの定義における「目的」も同様に、ISO Guide 73 に基づいて、「達成する成果」として定義されている。ISMS の場合、組織は、特定の結果を達成するため、情報セキュリティ方針と整合のとれた情報セキュリティ目的を設定することが要求されている。したがって、ISMS を計画する際、情報セキュリティリスクアセスメント及び情報セキュリティリスク対応を行う場合は、リスクは、組織にとって設定された情報セキュリティ目的の達成に対する不確実性をアセスメントすることになる。

③ ISMS の適用範囲内における情報の機密性、完全性及び可用性の喪失に伴うリスクを特定するために、情報セキュリティリスクアセスメントのプロセスを適用することが要求されている。言い換えると、情報セキュリティ目的に対して、情報の機密性、完全性、可用性の喪失の観点で影響を与える事象(events)とリスク源(risk sources)をアセスメントすることになる。

④ ISO/IEC 27001：2013 においては、情報セキュリティの「リスクを運用管理することについて、アカウンタビリティ及び権限をもつ人又は主体(ISO/IEC 27001：2013)」をリスク所有者(risk owner)としている。これまでは、情報セキュリティにおいて、資産の管理責任者(asset owner)を定義してきたが、多くの場合、「資産の管理責任を負う者は、リスク所有者でもある」といえる。

⑤ ISO/IEC 27001：2013 の要求事項では、情報セキュリティリスクアセスメント及びリスク対応に基づいて作成された計画について、情報セキュリティ目的の達成が要求されており、ISMS の評価の段階では、情報セキュリティ目的を達成したかどうかを評価する。

(3) 情報セキュリティ目的の役割とその設定

ISO/IEC 27001：2013 の改正の第 3 のねらいは、ISO/IEC 27001(JIS Q 27001)の全体を通して重要な役割を果たす基本的概念として、情報セキュリテ

ィ目的(Information security objective)を、明確に位置付けたことである。

ISO/IEC 27001の全体において、情報セキュリティ目的の役割が各章でどのように位置付けられ、各々にどのような関連性あるのか、以下に解説する。

① 上記(2)の①で解説したように、リスク(risk)の基本の定義は、「目的に対する不確かさの影響」である。さらに、この目的も、「達成する成果」として定義されており、ISMSの場合、組織は、特定の結果を達成するため、情報セキュリティ方針と整合のとれた「情報セキュリティ目的」として設定することが要求されている(ISO/IEC 27000：2013　箇条2　用語及び定義)。

② 情報セキュリティ目的は、トップマネジメントが、情報セキュリティ方針や組織の戦略的な方向性と整合して、確立することが要求されている(箇条5.1　リーダーシップ及びコミットメント)。

③ 情報セキュリティ目的は、情報セキュリティ方針に含むか、情報セキュリティ目的を設定するための枠組みを示すことが要求されている(箇条5.2　方針)。

④ 組織は、関連する部門及び階層において、情報セキュリティ目的を確立することが要求されている。したがって、組織においては、トップマネジメントが設定した最上位の情報セキュリティ目的を達成するために、関連する部門や階層のレベルや役割に応じた内容に展開し、それぞれの部門や階層における情報セキュリティ目的を確立することが要求されている。場合によっては、トップマネジメントが設定した情報セキュリティ目的を、自部門の情報セキュリティ目的とする場合もある(箇条6.2　情報セキュリティ目的及びそれを達成するための計画策定)。

⑤ 情報セキュリティ目的として、以下の事項を要求している(箇条6.2　情報セキュリティ目的及びそれを達成するための計画策定)。

- 情報セキュリティ方針と整合している。
- (実行可能な場合)測定可能である。
- 適用される情報セキュリティ要求事項、並びにリスクアセスメント及びリスク対応の結果を考慮に入れる(言い換えると、リスクアセスメント及びリスク対応結果によっては、情報セキュリティ目的の

達成に影響を与える場合，達成時期など，考慮することが必要になってくる)。
⑥ 情報セキュリティ目的を達成するために、次の項目を計画する(箇条 6.2　情報セキュリティ目的及びそれを達成するための計画策定)。
- 実施事項
- 必要な資源
- 責任者
- 達成期限
- 結果の評価方法

⑦ 情報セキュリティ要求事項を満たすため、また、情報セキュリティアセスメント及び情報セキュリティリスク対応で決定した活動を実施するため、必要なプロセスを計画し、実施する。そして、組織は、情報セキュリティ目的を達成するための計画を実施する(箇条 8.1　運用の計画及び管理)。

⑧ 組織は情報セキュリティパフォーマンス及び ISMS の有効性を評価しなければならない(箇条 9.1　監視、測定、分析及び評価)。

⑨ マネジメントレビューにおいて、情報セキュリティパフォーマンスに関するフィードバックとして、情報セキュリティ目的の達成を含めることが要求されている(箇条 9.3　マネジメントレビュー)。

(4)　分野別 ISMS への拡張

　ISO/IEC 27001：2013 の改正の第 4 のねらいは、分野別 ISMS を実現するための要求事項を含めたことである。これまでの ISMS は、汎用的で、形態、規模又は性質を問わず、すべての組織に適用できることを意図した要求事項であったが、ISO/IEC 27001：2013 のなかに、分野別 ISMS 認証を可能とする要求事項を追加した。これは、分野別 ISMS のガイドラインの国際規格化が進められていることに対応するものである。これらのことについて、今後の意義を解説する。

(a) ISO/IEC 27001 のなかへの分野別 ISMS 認証を可能とする要求事項の追加

　情報セキュリティ目的を達成するために、情報セキュリティリスクアセスメント及び情報セキュリティリスク対応を実施し、情報セキュリティ対応の選択肢を実施するために必要なすべての管理策を決定する。その際、これまでは、ISO/IEC 27001 の附属書 A から必要な管理策を選択していたが、改正後の ISO/IEC 27001：2013 では、ISO/IEC 27001：2013 の附属書 A に加えて任意の情報源のなかから管理策を特定することを可能とした。

　次に、決定されたすべての管理策が、ISO/IEC 27001：2013 の附属書 A と比較して、必要な管理策が見落とされていないか、検証する。この検証結果に基づいて、適用宣言書を作成する。したがって、適用宣言書には、以下のことが記述される。

① 必要な管理策及びそれらの管理策を含めた理由。
② それらの管理策を実施しているか否か。
③ ISO/IEC 27001：2013 の附属書 A に規定する管理策を除外した理由。

　上記、「ISO/IEC 27001：2013 の附属書 A と比較して見落としがないか、検証する」という要求と、適用宣言書に「附属書 A に規定する管理策を除外した理由」を記述しなければならないとする要求事項は、2014 年 4 月現在、国際規格化が進められている分野別 ISMS ガイドラインに追加された分野別管理策セットにも、適用される予定である。

(b) 分野別 ISMS ガイドラインの国際規格化

- (a) の ISO/IEC 27001：2013 の要求事項拡大に加えて、ISO/IEC 27001：2013 を分野別 ISMS にどのように適用するかについてのガイドラインを ISO/IEC 27009 として規格化の作業中である。また、独立した国際規格として**図表 2.1** のように「分野別管理策セット」の国際規格の制定作業を実施中である。
- 分野別管理策セットの国際規格は、ISO/IEC 27002 をベースに、各業界分野固有の管理策や実施の手引きを追加して、制定される。その事例として、以下のものがある。

図表 2.1　分野別 ISMS 認証制度の整備

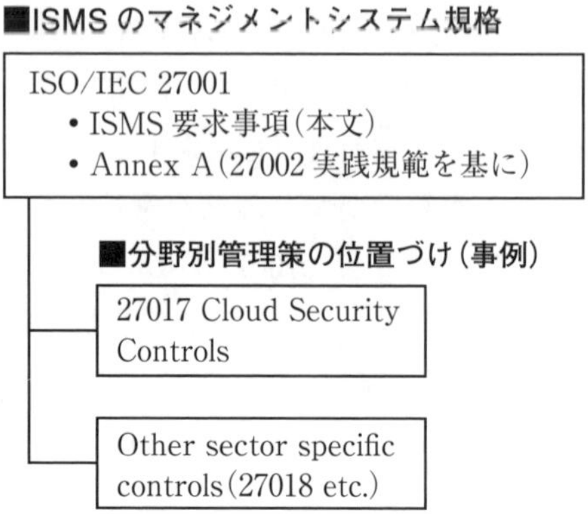

■ISMS のマネジメントシステム規格

ISO/IEC 27001
- ISMS 要求事項（本文）
- Annex A（27002 実践規範を基に）

■分野別管理策の位置づけ（事例）

27017 Cloud Security Controls

Other sector specific controls（27018 etc.）

注）　分野別管理策が、情報セキュリティリスクアセスメント及び、情報セキュリティリスク対応、及び情報セキュリティ監査などに、適用される。

① ISO/IEC 27010：組織間コミュニケーション向け
② ISO/IEC 27011：通信事業者向け
③ ISO/IEC 27015：金融サービス向け
④ ISO/IEC 27017：クラウドコンピューティングサービス向け（クラウド事業者向け、クラウド利用者向け）
⑤ ISO/IEC 27018：クラウドコンピューティングサービスにおける PII 保護
⑥ ISO/IEC 27019：エネルギー業界向け

（5）　パフォーマンス及び有効性の評価

　ISO/IEC 27001：2013 の改正の第 5 のねらいは、情報セキュリティパフォーマンス及び ISMS の有効性を評価することが、要求事項として、明確に規定されたことである。これまでは、基本的に管理策の有効性を測定することが要求されていたが、改正後の ISO/IEC 27001：2013 では、管理策の有効性を測定すること自体が要求事項ではなくなり、情報セキュリティパフォーマンス及び ISMS の有効性を評価することが目的となり、測定することは、評価を実施す

るプロセスの作業の一つとなった。

情報セキュリティパフォーマンス及びISMSの有効性を評価するための実施ステップは、以下のとおりである。

① 評価する内容は、情報セキュリティパフォーマンス、及びISMSの有効性である。これらに含まれる情報セキュリティプロセス及び管理策は、全体の一部である。

② 評価するための実施ステップは、監視、測定、分析及び評価のステップで実施する。測定は、これらの実施ステップの一部であり、あくまでも、最終的な目的は、評価である。

③ 評価のその他の形態として、内部監査やマネジメントレビューがある。内部監査が、ISMSの要求事項に対する適合性や有効性を監査するのに対して、マネジメントレビューでは、ISMSの有効性や情報セキュリティパフォーマンスに関してレビューを行う。情報セキュリティパフォーマンスに関するフィードバックとして、情報セキュリティ目的の達成を含めることが要求されている（箇条9.3　マネジメントレビュー）。

第3章
ISO/IEC 27001：2013の用語及び定義

本章では、ISO/IEC 27001：2013で用いられている用語及びそれらの定義について説明する。

3.1 ISO/IEC 27000ファミリー規格における用語の構成

ISO/IEC 27000ファミリー規格で使用される共通用語と定義は、ISO/IEC 27000：2014で記述される。この用語規格は、次の3つを情報源として、構成される。

① Annex SL
ISOのマネジメントシステム規格全体(例えば、ISMS、QMS、EMS)で共通に使用する用語と定義
- 例：組織、トップマネジメント、方針など

② ISO Guide 73：2009
ISOのリスクマネジメントで共通に使用する用語と定義
- 例：リスク(risk)、目的(objective)など

③ ISO/IEC 27000：2014
ファミリー規格の各規格で使用される共通用語と定義
- 例：情報セキュリティ(information security)、機密性(confidentiality)、完全性(integrity)、可用性(availability)など

ISO/IEC 27001：2013の用語及び定義は、当規格のなかに記述されるのでなく、すべてISO/IEC 27000：2014のなかに記述される。しかも、ISO/IEC 27000：2014は、引用規格(normative references)に指定されており、ISO/IEC 27001：2013の規格の一部を構成する。したがって、ISO/IEC 27000：2014の本文のテキストも、要求事項となる。

3.2 ISO/IEC 27001の「用語及び定義」

ISO/IEC 27001：2013で使用する用語は、ISO/IEC 27000：2014に記述されている。以下のとおり、分野に分けて解説する。

3.2 ISO/IEC 27001の「用語及び定義」

(1) 組織に関連する用語

以下の用語については、項見出し(例:組織に関連する用語)との関連性を重視したため、引用する際にJIS規格の順番を入れ替えている。

ISO/IEC 27000 / JIS Q 27000

2.57 組織(organization)
　自らの目的を達成するため、責任、権限及び相互関係を伴う独自の機能をもつ、個人又は人々の集まり。
　　注記　組織という概念には、法人か否か、公的か私的かを問わず、自営業者、会社、法人、事務所、企業、当局、共同経営会社、非営利団体若しくは協会、又はこれらの一部若しくは組合せが含まれる。ただし、これらに限定されるものではない。

2.84 トップマネジメント(top management)
　最高位で組織を指揮し、管理する個人又は人々の集まり。
　　注記1　トップマネジメントは、組織内で、権限を委譲し、資源を提供する力をもっている。
　　注記2　マネジメントシステムの適用範囲が組織の一部だけの場合、トップマネジメントとは、組織内のその一部を指揮し、管理する人をいう。

2.41 利害関係者(interested party)
　ある決定事項若しくは活動に影響を与え得るか、その影響を受け得るか、又はその影響を受けると認識している、個人又は組織。

2.60 方針(policy)
　トップマネジメントによって正式に表明された組織の意図及び方向付け。

2.23 文書化した情報(documented information)
　組織が管理し、維持するよう要求されている情報、及びそれが含まれ

> ている媒体。
> 　　注記1　文書化した情報は、あらゆる形式及び媒体の形をとることができ、あらゆる情報源から得ることができる。
> 　　注記2　文書化した情報には、次に示すものがあり得る。
> 　　　　・関連するプロセスを含むマネジメントシステム
> 　　　　・組織の運用のために作成された情報(文書類)
> 　　　　・達成された結果の証拠(記録)

各用語について、以下に解説する。
① 「2.57　組織」
　ISMSにおける要求事項が適合を求める主体は、組織又はトップマネジメントである。ISMSを適用する組織は、定義の例にあるようにいかなる形態の組織でも排除していない。
　もし、ISMSの適用範囲を複数の組織の集合体(例：グループ会社)とする場合は、組織は集合体(グループ会社全体)となる。適用範囲をある組織(例：企業)の部分的な範囲とする場合は、対象範囲である組織の一部(事業部や部門)となる。ただし、複数の組織の集合体を適用範囲とする場合は、全体を統括する組織が必要である。
② 「2.84　トップマネジメント」
　①に記述したように、ISMSにおける要求事項のもう一つの主体は、トップマネジメントである。
　トップマネジメントは、①の組織(単一組織、組織の集合体、組織の一部など)における最高位の個人又は人々の集まりであり、組織のISMSの活動を指揮し、計画及び結果に責任をもつ役割を担う。
　具体的には、ISMSにおけるトップマネジメントは、組織が法人の場合、組織の最高責任者であるCEO(Chief Executive Officer)や、セキュリティの最高責任者であるCISO(Chief Information Security Officer)又はCSO(Chief Security Officer)及び、取締役会(board or officer's meeting)又は理事会(board of directors or trustees)である。適用範囲が組織の一部の場合は、適用部分の責任者(会社であれば、部門の最高

責任者である事業部長、部長など)が、これに該当する。

③ 「2.41　利害関係者」

　組織の利害関係者とは、その組織の活動に影響を与えるか、又は影響を受ける個人や組織のことで、具体的には、消費者、顧客、得意先、株主、投資家、金融機関、債権者、供給者、従業員、地域社会、行政機関などが、これに該当する。

④ 「2.60　方針」

　トップマネジメントによって正式に表明された組織の意図及び方向付けのことで、2013年版からは「方針群[1]」という概念が導入された。具体的には、ISMSにおいては、方針群のなかでも、最高位の情報セキュリティ方針と、下位レベルのトピック別方針群[2]から構成する。これまでは、ISMS基本方針(ISMS policy)と情報セキュリティ基本方針(information security policy)の2つが、別名称で存在していたが、改正後は、ISO/IEC 27001：2013及びISO/IEC 27002：2013では、情報セキュリティ方針(information security policy)と同じ名称となった。

⑤ 「2.23　文書化した情報」

　「組織が管理し、維持するよう要求されている情報、及び媒体」のことで、具体的には、これまで文書(document)又は記録(record)の名称で使用してきたものを、同一名称で取り扱うように、定義したものである。ただし、証拠として使用する情報に関しては、documented information as evidenceとして、証拠として(as evidence)を付加して、表現することにしている**7.5節**で解説)。

---

[1]　ISO/IEC 27000：2014の定義には含まれない。**11.3節**(1)(a)の「情報セキュリティのための方針群」で解説している。
[2]　例えば、物理的、環境的セキュリティ方針、アクセス制御方針、情報分類及び取扱方針などがある。

(2) 情報セキュリティに関連する用語

以下の用語については、項見出し(例：組織に関連する用語)との関連性を重視したため、引用する際にJIS規格の順番を入れ替えている。

ISO/IEC 27000 / JIS Q 27000

2.33 情報セキュリティ(information security)

　情報の機密性、完全性及び可用性を維持すること。
　　注記　さらに、真正性、責任追跡性、否認防止、信頼性などの特性を維持することを含めることもある。

2.12 機密性(confidentiality)

　認可されていない個人、エンティティ又はプロセスに対して、情報を使用させず、また、開示しない特性。

2.40 完全性(integrity)

　正確さ及び完全さの特性。

2.9 可用性(availability)

　認可されたエンティティが要求したときに、アクセス及び使用が可能である特性。

2.46 マネジメントシステム(management system)

　方針、目的及びその目的を達成するためのプロセスを確立するための、相互に関連する又は相互に作用する、組織の一連の要素。
　　注記1　一つのマネジメントシステムは、単一又は複数の分野を取り扱うことができる。
　　注記2　システムの要素には、組織の構造、役割及び責任、計画、運用などが含まれる。
　　注記3　マネジメントシステムの適用範囲としては、組織全体、組織内の固有で特定された機能、組織内の固有で特定された部

3.2 ISO/IEC 27001 の「用語及び定義」

> 門、複数の組織の集まりを横断する一つ又は複数の機能、などがあり得る。
>
> 2.36 情報セキュリティインシデント（information security incident）
> 　望まない単独若しくは一連の情報セキュリティ事象、又は予期しない単独若しくは一連の情報セキュリティ事象であって、事業運営を危うくする確率及び情報セキュリティを脅かす確率が高いもの。
>
> 2.35 情報セキュリティ事象（information security event）
> 　情報セキュリティ方針への違反若しくは管理策の不具合の可能性、又はセキュリティに関係し得る未知の状況を示す、システム、サービス又はネットワークの状態に関連する事象。

各用語について、以下に解説する。

① 「2.33　情報セキュリティ」「2.12　機密性」「2.40　完全性」「2.9　可用性」

　　情報セキュリティは、基本的に、「機密性（confidentiality）」「完全性（integrity）」「可用性（availability）」の3つの特性を維持すること、と定義されている。この3つの特性は「情報セキュリティの3要素」ともよばれている。この3要素以外に、必要に応じて、真正性、責任追跡性、否認防止及び信頼性のような特性を維持することを含めることもできる。これまでは、「情報資産又は資産」のセキュリティが要求されていたが、改正後は、「情報」のセキュリティに変更となった。

　　エンティティとは、辞書では「実在物、実体、本体、自主独立体」などとされているが、組織や団体、コンピュータシステムなど物質的な実体に限らない概念である。情報にアクセスを許可する対象は、個人だけではなく、組織や団体であったり、コンピュータシステムや、通信機器であったりと、多様な実体（エンティティ）が存在する。

　　プロセスは、「インプットをアウトプットに変換（処理）するために経営資源を使用して運用管理するあらゆる活動」の関連で示される活動で

あり、組織の業務プロセスと考えてよい。プロセスに対する機密性とは、認可された情報だけが業務で使用できるようにするという意味である。

② 「2.46 マネジメントシステム」

マネジメントシステムの定義は、マネジメントシステム規格の共通化について述べたAnnex SLの定義によるもので、すべてのマネジメントシステムにとって共通の定義である。

③ 「2.36 情報セキュリティインシデント」

「情報セキュリティ事象のうち、事業の運営を危うくする確率及び情報セキュリティを脅かす確率が高いもの」と定義されている。具体的には、明確に事件・事故につながるものが、これに該当する。

④ 「2.35 情報セキュリティ事象」

情報セキュリティインシデント及びインシデントには至らないが、情報セキュリティを脅かす確率が低いものが含まれる。具体的には、事件や事故及び未遂や予兆などが、これに該当する。

(3) 情報セキュリティリスクマネジメントに関連する用語

以下の用語については、項見出し(例:組織に関連する用語)との関連性を重視したため、引用する際にJIS規格の順番を入れ替えている。

ISO/IEC 27000 / JIS Q 27000

2.68 リスク(risk)

目的に対する不確かさの影響。

注記1 影響とは、期待されていることから、好ましい方向又は好ましくない方向にかい(乖)離することをいう。

注記2 不確かさとは、事象、その結果又はその起こりやすさに関する、情報、理解又は知識が、たとえ部分的にでも欠落している状態をいう。

注記3 リスクは、起こり得る事象、結果又はこれらの組合せについて述べることによって、その特徴を記述することが多い。

注記4　リスクは、ある事象(周辺状況の変化を含む。)の結果とその発生の起こりやすさとの組合せとして表現されることが多い。

注記5　ISMSの文脈においては、情報セキュリティリスクは、情報セキュリティ目的に対する不確かさの影響として表現することがある[3]。

注記6　情報セキュリティリスクは、脅威が情報資産のぜい弱性又は情報資産グループのぜい弱性に付け込み、その結果、組織に損害を与える可能性に伴って生じる。

2.56　目的(objective)

達成する結果。

注記1　目的は、戦略的、戦術的又は運用的であり得る。

注記2　目的は、様々な領域[例えば、財務、安全衛生、環境の到達点(goal)]に関連し得るものであり、様々な階層[例えば、戦略的レベル、組織全体、プロジェクト単位、製品ごと、プロセスごと]で適用できる。

注記3　目的は、例えば、意図する成果、目的(purpose)、運用基準など、別の形で表現することもできる。また、情報セキュリティ目的という表現の仕方もある。又は、同じような意味をもつ別の言葉[例：狙い(aim)、到達点(goal)、目標(target)]で表すこともできる。

注記4　ISMSの場合、組織は、特定の結果を達成するため、情報セキュリティ方針と整合のとれた情報セキュリティ目的を設定する。

2.25　事象(event)

ある一連の周辺状況の出現又は変化。

---

[3]　以下、太字部分はISO Guide 73：2009にはないISMS固有の定義である。

注記1　事象は、発生が一度以上であることがあり、幾つかの原因をもつことがある。
注記2　事象は、何か起こらないことを含むことがある。
注記3　事象は、"事態(incident)"又は"事故(accident)"と呼ばれることがある。

2.73　リスク基準(risk criteria)
リスクの重大性を評価するための目安とする条件。
注記1　リスク基準は、組織の目的、外部状況及び内部状況に基づいたものである。
注記2　リスク基準は、規格、法律、方針及びその他の要求事項から導き出されることがある。

2.71　リスクアセスメント(risk assessment)
リスク特定、リスク分析及びリスク評価のプロセスの全体。

2.79　リスク対応(risk treatment)
リスクを修正するプロセス。
注記1　リスク対応には、次の事項を含むことがある。
- リスクを生じさせる活動を、開始又は継続しないと決定することによって、リスクを回避すること。
- ある機会を追求するために、リスクをとる又は増加させること。
- リスク源を除去すること。
- 起こりやすさを変えること。
- 結果を変えること。
- 一つ以上の他者とリスクを共有すること(契約及びリスクファイナンシングを含む。)。
- 情報に基づいた選択によって、リスクを保有すること。

注記2　好ましくない結果に対処するリスク対応は、"リスク軽減"、"リスク排除"、"リスク予防"及び"リスク低減"と呼ばれ

ることがある。
　　　注記3　リスク対応が、新たなリスクを生み出したり、又は既存の
　　　　　　リスクを修正したりすることがある。

2.69　リスク受容(risk acceptance)
　　ある特定のリスクをとるという情報に基づいた意思決定。
　　　注記1　リスク対応を実施せずにリスク受容となることも、又はリ
　　　　　　スク対応プロセス中にリスク受容となることもある。
　　　注記2　受容されたリスクは、モニタリング［監視］及びレビュー
　　　　　　の対象となる。

2.78　リスク所有者(risk owner)
　　リスクを運用管理することについて、アカウンタビリティ及び権限を
　もつ人又は主体。

2.44　リスクレベル(level of risk)
　　結果とその起こりやすさの組合せとして表現される、リスクの大きさ。

2.64　残留リスク(residual risk)
　　リスク対応後に残っているリスク。
　　　注記1　残留リスクには、特定されていないリスクが含まれ得る。
　　　注記2　残留リスクは、"保有リスク"ともいう。

2.16　管理策(control)
　　リスクを修正(modifying)する対策。
　　　注記1　管理策には、リスクを修正するためのあらゆるプロセス、
　　　　　　方針、仕掛け、実務及びその他の処置を含む。
　　　注記2　管理策が、常に意図又は想定した修正効果を発揮するとは
　　　　　　限らない。

2.17 管理目的(control objective)
管理策を実施した結果として、達成することを求められる事項を記載したもの。

2.14 結果(consequence)
目的に影響を与える事象の結末(outcome)。
　　注記1　一つの事象が、様々な結果につながることがある。
　　注記2　結果は、確かなことも不確かなこともある。情報セキュリティの文脈において、結果は、通常、好ましくないものである。
　　注記3　結果は、定性的にも定量的にも表現されることがある。
　　注記4　初期の結果が、連鎖によって、段階的に増大することがある。

2.45 起こりやすさ(likelihood)
何かが起こる可能性。

ISO Guide 73 / JIS Q 0073

3.5.1.2 リスク源(risk sources)
それ自体又はほかとの組合せによって、リスクを生じさせる力を本来潜在的に持っている要素。
　　注記　リスク源は、有形の場合も無形の場合もある。

各用語について、以下に解説する。
　①　「2.68　リスク」
　　　リスクの定義を基に、リスクを把握するためには、目的の設定が基本となる。リスクを把握するためには、設定した目的に関して不確かさの影響を与えるリスク源を特定することが重要となる。
　　　ISMSにおけるリスクは、具体的には、情報セキュリティ目的に対する不確かさの影響(目的に対する±の乖離)のことで、設定された情報セ

3.2 ISO/IEC 27001 の「用語及び定義」

キュリティ目的に対して、情報の機密性、完全性、可用性の喪失に影響を与える脅威、ぜい弱性による損害を受ける可能性によって生じる結果のことである。

リスク源は、ISO Guide 73：2009 の「リスクマネジメント用語」で「それ自体又はほかとの組合せによって、リスクを生じさせる力を本来潜在的に持っている要素」と定義されている。

一般的なリスク源には、ビジネスの関係と義務、法律上の期待と責任、経済の動きと状況、技術革新と激変、政治的変化と傾向、自然現象と暴力、人間の弱点と傾向及び管理の欠点と行き過ぎなどがある。

なお、情報セキュリティでは、情報の取扱い及び保管管理、情報管理にかかわるサービス（通信、システム運用ほか）、情報処理設備の導入と運用・保守管理など、情報に関連したより具体的なリスク源を検討する必要がある。

② 「2.56　目的」

達成する結果のことであり、到達点（goal）、目的（purpose）、目標（target）など、別の表現をする場合もある。ISMS の場合、情報セキュリティ目的を設定する。例えば、長期的な目的は「情報セキュリティを徹底することにより顧客の信頼を得る」のように、抽象的なものでもよいが、年度目的（目標）のように短期的には「顧客情報漏えいに関する情報セキュリティインシデントを前年度の 1/2 に削減する」など、定量的に評価できる目的を設定すべきである。

③ 「2.25　事象」

事件又は事故のようにリスクが顕在化するものと、ヒヤリ・ハットや未遂などリスクが顕在化する可能性があるものがある。事象には必ず原因があり、その原因が取り除かれない限り繰り返し発生する可能性がある。例えば、情報セキュリティにおいては、パソコンの紛失、IT 機器の誤動作、情報システムの操作ミスや入力ミス、マルウェアの侵入などがある。

④ 「2.73　リスク基準」

リスクの重要性を評価するための目安であり、起こりやすさの基準や

結果の評価に関する基準など、リスクのレベルを決定するための条件である。リスク基準は、組織の情報セキュリティ方針を反映すべきであり、リスク対応やリスク受容レベルの決定にも適用される。

⑤ 「2.71　リスクアセスメント」

リスクを評価するための一連のプロセスであり、ISO 31000：2009 に定義されている枠組み[4]である。

⑥ 「2.79　リスク対応」

リスクアセスメントに基づいて発見されたリスクを、リスク対応選択肢(注記 1、2)に基づいて修正することである。リスクの修正とは、注記にあるように、「リスクを回避する」「リスクの起こりやすさを減らす」「リスクの影響を減らす」「リスクを共有する(リスクの影響が減る)」「リスクを保有する」などのことである。

⑦ 「2.69　リスク受容」

組織が情報を活用しようとする限り、リスクは必ず存在し、リスクを回避する以外の対応を実施してもリスクがなくなることはない。リスク受容とは、リスクを受け入れて取り込むことに関して意思決定することを指す。つまり、リスクアセスメントによりリスクが特定されていても、経済的、技術的などの要因でリスク対応ができず、リスクが残留している場合、及び、リスク対応したとしても、リスクが残留している場合には、リスクの受容が、リスク受容基準に基づいて行われる。

⑧ 「2.78　リスク所有者」

リスクをアセスメントとリスク対応を実施して、リスクの運用管理に責任をもつ管理責任者のことである。

情報セキュリティにおいては、資産の管理責任者(asset owner)がリスク所有者である場合が多い。

⑨ 「2.44　リスクレベル」

リスクの重要性を表す指標で、結果(consequence)と起こりやすさ

4） 「目的に影響を与えるリスク源を基本にリスクを特定し、その起こりやすさ及び結果を考慮してリスクレベルを決定する。そして、リスク分析の結果をリスク基準と比較し、リスク対応候補と優先順位を決定する」のプロセスのことである。

3.2 ISO/IEC 27001 の「用語及び定義」

(likelihood)の組合せで表現される。
⑩ 「2.64　残留リスク」
　リスク対応後に残っている目的に対する不確実性(乖離)のことで、重要性の低いリスクは特定されないままの場合がある。残留リスクを受容する場合は、リスク所有者の承認が必要である。
⑪ 「2.16　管理策」
　これまではリスクを低減するための対策を意味していたが、改正後は、⑦のリスク対応のリスクを修正する対策がすべて該当する。
　したがって、附属書Aには、リスクを修正する対策として、情報セキュリティに必要な管理策が用意されているが、組織のリスクアセスメントの結果、リスク対応として網羅されていないものがある場合は、管理策(必要であれば管理目的も)の追加が必要である。
⑫ 「2.17　管理目的」
　管理策の実施によって達成が求められている事項で、通常、一つの管理目的は、複数の管理策によって達成を可能とする構成となっている。
⑬ 「2.14　結果」
　結果とは、設定された目的に対し、影響を与える事象の発生によって生じた結末のことである。具体的には、例えば、目的が、「顧客の秘密情報に関する事件・事故を削減する」ということに対して、「PC の紛失」という事象が発生した場合、「顧客の秘密情報漏えい事故」という結果となり、最終的には、顧客の信頼を失い、売上げの減少につながることになる。
⑭ 「2.45　起こりやすさ」
　何かが起こる可能性のことであり、リスクのレベルを把握する場合は、事象の起こりやすさと結果の重大性の組合せにより、リスクレベルを把握する。例えば、重大な結果(例：信用低下による売上の減少)を招く「顧客の秘密情報漏えい事故」と、その起こりやすさ(例：PC 管理の不備で紛失しやすい状況がある)の組合せにより、リスクレベルが「高い」ということを把握できる。この場合、「PC 管理の不備」がリスク源である。

⑮ 「3.5.1.2　リスク源」(ISO Guide 73：2009)

　　リスク源は、リスクの潜在的な要因であり、「ビジネスの関係と義務、法令又は規制要求事項と責任、経済的変化と取り巻く環境、技術の革新と大変動、政治的変化と傾向、自然現象と影響、人間の弱点と性癖、マネジメントの欠点又は失敗及び行き過ぎたマネジメント」に関連するといわれている。また、リスク源は、それ自体がリスクを発生させるだけでなく、それ自体はリスクを発生させないが、ほかの要因との組合せによってリスクを生じさせる場合もある。

（4）　評価に関連する用語

　以下の用語については、項見出し(例：組織に関連する用語)との関連性を重視したため、引用する際にJIS規格の順番を入れ替えている。

ISO/IEC 27000 ／ JIS Q 27000

2.59　パフォーマンス(performance)
　　測定可能な結果。
　　　注記1　パフォーマンスは、定量的又は定性的な所見のいずれにも関連し得る。
　　　注記2　パフォーマンスは、活動、プロセス、製品(サービスを含む。)、システム、又は組織の運営管理に関連し得る。

2.24　有効性(effectiveness)
　　計画した活動を実行し、計画した結果を達成した程度。

2.52　監視(monitoring)
　　システム、プロセス又は活動の状況を明確にすること。
　　　注記　状況を明確にするために、点検、監督、又は注意深い観察が必要な場合もある。

2.48　測定(measurement)

値を決定するプロセス。

　　注記　情報セキュリティの文脈においては、値を決定するプロセスは、ISMS及びそれに関連する管理策について、その有効性に関する情報を必要とし、測定方法、測定の関数、分析モデル及び判断基準を用いる。

　　なお、この注記は、ISO/IEC 27004：2009における用語の説明である。

2.5　監査（audit）
　監査基準が満たされている程度を判定するために、監査証拠を収集し、それを客観的に評価するための、体系的で、独立し、文書化したプロセス。

　　注記1　監査は、内部監査（第一者）又は外部監査（第二者・第三者）のいずれでも、又は複合監査（複数の分野の組合せ）でもあり得る。
　　注記2　"監査証拠"及び"監査基準"は、JIS Q 19011に定義されている。

2.53　不適合（nonconformity）
　要求事項を満たしていないこと。

2.19　是正処置（corrective action）
　不適合の原因を除去し、再発を防止するための処置。

各用語について、以下に解説する。
　① 「2.59　パフォーマンス」
　　情報セキュリティに関連する諸活動を実施した結果であり、情報セキュリティをパフォーマンスの観点から評価することが求められている。
　② 「2.24　有効性」
　　ISMSにおいて計画した活動とは、リスク対応の実施計画を含む、

ISMS を確立し、実施し、維持及び継続的改善をするための一連の活動であり、計画した結果とは、情報セキュリティ目的の実現である。この2つを評価することにより、有効性を判定できる。例えば「計画した活動を実施しなかったが情報は漏えいしなかった」というのは、「目をつぶってしばらく車を運転したが何もぶつからなかった」というのと同じで、コントロールをした結果の安全性を示していない。また、「計画した活動を実施したが情報が漏えいしてしまった」などは、管理策が十分ではなかった ISMS が有効でないと判定できる。

③ 「2.52　監視」

ISMS においては、パフォーマンス及び有効性を評価するために、監視、測定、分析、及び評価する。このなかで、監視とは、活動の状況を明確に把握することである。

④ 「2.48　測定」

情報セキュリティパフォーマンス及び有効性を評価するために、情報セキュリティプロセスや管理策の実施状況を測定する。

⑤ 「2.5　監査」

組織の ISMS が、監査基準(ISO/IEC 27001：2013 の要求事項及び組織が定めた規定や手順など)に適合している程度を評価するための体系的なプロセスのことで、ISO 19011：2011 の定義に基づいて実施することが要求されている。

⑥ 「2.53　不適合」

要求事項に適合していない(満たしていない)ことであり、監査基準を満たしていないか、違反している状態をいう。

⑦ 「2.19　是正処置」

⑥の不適合の原因を究明し、再発防止を行うことである。不適合の状態を単に正すのは修正であり是正ではない。

再発を防止するには、なぜその不適合が生じたのかの原因を明らかにしなければならないが、発生原因が単純な不適合の場合(例：信頼できるメーカーの製造過程に起因する IT 機器の故障)は、修正がそのまま是正となる場合(例：IT 機器の交換)もあり得る。

第4章
箇条4 組織の状況

　本章では、ISO/IEC 27001：2013の「箇条4　組織の状況」で要求されている事項を、要求事項の順に解説する。

　箇条4は、
- 箇条4.1　組織及びその状況の理解
- 箇条4.2　利害関係者のニーズ及び期待の理解
- 箇条4.3　情報セキュリティマネジメントシステムの適用範囲の決定
- 箇条4.4　情報セキュリティマネジメントシステム

の4つの要求事項で構成されている。

　途中、枠線で囲まれた部分はJIS Q 27001：2014からの引用である。なお、ISMS固有のテキスト部分は太字にした。

4.1 箇条4.1　組織及びその状況の理解

> ISO/IEC 27001 ／ JIS Q 27001
>
> 組織は、組織の目的に関連し、かつ、そのISMSの意図した成果を達成する組織の能力に影響を与える、外部及び内部の課題を決定しなければならない。
> 　注記　これらの課題の決定とは、JIS Q 31000：2010の5.3に記載されている組織の外部状況及び内部状況の確定のことをいう。

(1)　本項のねらい

ISMSを確立、実施、維持及び継続的改善をしようとする組織は、組織を取り巻く状況を理解するために、ISMS外部及び内部の課題を決定することが要求されている。

(2)　解説

組織を取り巻く外部及び内部の状況を理解するためには、組織の外部及び内部の課題を決定することが要求されている。課題とは、組織のISMSの意図した成果(すなわち、情報セキュリティ目的)の達成に必要な能力に対して、影響を与える内容のことである。例えば、以下のような内容である。

① 組織の外部の状況とは、組織が自らの目的を達成しようとする場合の外部環境である。この外部の状況を理解するためには、以下の環境における課題を決定する必要がある。

　a)　国際、国内、地方又は近隣を問わず、文化、社会、法律、規制、金融、技術、経済、自然及び競争の環境において、目的の達成に影響を与える内容

　b)　組織の目的に影響を与える主要な原動力及び傾向

　c)　外部の利害関係者との関係並びに外部の利害関係者の考え方や価値観に関して、目的の達成に影響を与える内容

② 組織の内部の状況とは、組織が自らの目的を達成しようとする場合の

内部環境である。この内部の状況を理解するためには,以下の環境における課題を決定する必要がある。
a) 組織体制(例:統治,役割,結果に対する責任)
b) 方針,目的及びこれらを達成するために立案した戦略
c) 経営資源(例:資本,時間,人々,プロセス,システム,技術)
d) 情報システム,情報の流れ及び意思決定プロセス(公式及び非公式の両方)
e) 内部の利害関係者との関係並びに内部の利害関係者の考え方や価値観
f) 考え方,価値観,文化
g) 組織が適用した規格,指針及びモデル
h) 契約関係の形態及び範囲

(3) ISO/IEC 27001:2005/JIS Q 27001:2006との比較

組織の外部及び内部において,組織のISMSの意図した成果(すなわち,情報セキュリティ目的)の達成に必要な能力に対して影響を与える課題を明確にするということは,ISO/IEC 27001:2005では,明確に要求しておらず,これは新しい要求事項である。

4.2 箇条4.2 利害関係者のニーズ及び期待の理解

ISO/IEC 27001 / JIS Q 27001

組織は,次の事項を決定しなければならない。
a) **ISMS**に関連する利害関係者
b) その利害関係者の,**情報セキュリティに関連する**要求事項
　注記　利害関係者の要求事項には,法的及び規制の要求事項並びに契約上の義務を含めてもよい。

39

(1) 本項のねらい

組織の利害関係者を決定し、その利害関係者の情報セキュリティに関連する要求事項を決定することが要求されている。

(2) 解説

① 組織の利害関係者

これは、ISO/IEC 27000 の「2.41　利害関係者」では、「ある決定事項若しくは活動に影響を与え得るか、その影響を受け得るか、又はその影響を受けると認識している、個人又は組織」と定義されており、例えば、以下の個人又は組織が、これに該当する。

a) 消費者
b) 顧客
c) 得意先
d) 株主、投資家
e) 金融機関
f) 債権者
g) 供給者
h) 従業員
i) 地域社会
j) 行政機関

② 利害関係者の情報セキュリティに関連する要求事項

これは、組織が行う情報セキュリティの活動によって、利害関係者に損害又は不利益を及ぼす事象の発生を予防・防止することを要求又は期待するものである。要求事項の決定には以下の内容を考慮すべきである。

a) 法的及び規制の要求事項。すなわち、組織が順守しないことによって利害関係者に損害又は不利益を生じる可能性のある法令及び規制であり、対象としては、知的財産保護、個人情報保護などがある。
b) 契約上の義務。すなわち、利害関係者との間で締結した契約上の義務である。
c) 事業上の要求事項。すなわち、利害関係者の要求又は期待に背く

ことで、組織の信用、評判の喪失を招き、組織の事業継続に影響を与えることを予防・防止するための要求事項であり、個人情報の漏えい、利害関係者の秘密情報漏えい、主要サービスの停止などの予防・防止が考えられる。

(3) ISO/IEC 27001：2005/JIS Q 27001：2006との比較

ISO/IEC 27001：2005 では、明確に、利害関係者を決定し、利害関係者からの情報セキュリティに関連する要求事項を決定することは、要求されておらず、新しい要求事項である。

4.3 箇条4.3 情報セキュリティマネジメントシステムの適用範囲の決定

> ISO/IEC 27001 / JIS Q 27001
>
> 組織は、ISMS の適用範囲を定めるために、その境界及び適用可能性を決定しなければならない。この適用範囲を決定するとき、組織は、次の事項を考慮しなければならない。
> a) 4.1 に規定する外部及び内部の課題
> b) 4.2 に規定する要求事項
> c) 組織が実施する活動と他の組織が実施する活動との間のインタフェース及び依存関係
>
> ISMS の適用範囲は、文書化した情報として利用可能な状態にしておかなければならない。

(1) 本項のねらい

ISMS を確立、実施、維持及び継続的改善をしようとする組織は、その ISMS の適用範囲を定めることが要求されている。その際、組織は、外部及び内部の課題や利害関係者の要求事項を考慮して、ISMS の適用範囲の境界及び

適用の可能性を決定することが要求されている。

(2) 解説

① ISMS の適用範囲を定めるときの考慮事項

    a) 箇条 4.1 及び箇条 4.2 で規定した外部及び内部の課題、又は、利害関係者の要求事項を考慮して、ISMS の適用範囲を定めること。

    b) 外部及び内部の課題や利害関係者の要求事項を考慮しないで ISMS の適用範囲を定めた場合、組織にとって、ISMS は有効でないものとなる可能性がある。

② ISMS の適用範囲

    a) 適用範囲は、適用範囲内と適用範囲外の境界を決めることが要求されている。この境界とは、責任分界点のことであり、適用範囲内に含まれる責任と、適用範囲外との責任を定義することになる。

    b) また、適用可能性を決定することが要求事項となっている。この適用可能性は、この適用範囲に ISMS を適用することが適切かどうかを判断することを要求している。例えば、ASP サービスを利用している場合、組織の管理下にないデータセンターや、IT 設備を適用範囲に含めても、組織の情報セキュリティを適用できないため不適切である。

    c) さらに、境界においては、適用範囲内の組織が実施する活動と適用範囲外の組織が実施する活動との間のインターフェース及び依存関係を定義することが要求されている。例えば、専用線やインターネット VPN などで適用範囲外の組織と通信システムを構築している場合や、適用範囲外からの特定のサービスに情報資産の運用を依存している場合など、適用範囲外のサービスや活動とのインターフェースも組織の情報セキュリティの適用範囲に含めなければならない。

    d) 適用範囲の観点としては、組織、事業、所在地、資産、技術がある。ただし、どの観点で適用範囲を記述するかに関しては、要求事項としての指定はない。組織の一部を ISMS の適用範囲とする場合、例えば、「XXX 事業部」「XXX 事業所」「XXX システム」など、情報を

共有する範囲を一定の基準で決定することができ、適用範囲内の情報を、決定した範囲内でコントロールすることが可能であることが求められる。

(3) ISO/IEC 27001：2005/JIS Q 27001：2006との比較

ISO/IEC 27001：2005の「箇条4.2.1 a)」が関連する。以前の適用範囲の要求に比べると、具体的な内容の要求が省略されているが、基本的な要求事項に大きな変更はない。

ISMSの適用範囲を定める際に、箇条4.1及び箇条4.2で規定した外部及び内部の課題、また、利害関係者の要求事項を考慮して、ISMSの適用範囲を定めることが要求されており、適切な適用範囲を定めることについて重要なプロセスが追加されている。

また、適用範囲の除外についての理由の記述が削除された。これは、適用範囲の適切性を判断するためのものであり、箇条4.3の「ISMSの適用範囲を定めるために、その境界及び適用可能性を決定しなければならない」の実施内容が適切であると確認することで目的は達成される。

さらに、ISMSの適用範囲の考え方として、境界に加えて、インタフェース及び依存関係が追加された。外部とのインターフェースの適用可能性では、外部との情報交換や特定のサービスに対する依存関係などがある場合に、組織がコントロールすべきインターフェースの範囲を明確にすることが求められる。

4.4 箇条4.4 情報セキュリティマネジメントシステム

ISO/IEC 27001 / JIS Q 27001
組織は、この規格の要求事項に従って、ISMSを確立し、実施し、維持し、かつ、継続的に改善しなければならない。

(1) 本項のねらい

ISMSを構築する組織は、この規格の要求事項に従って、ISMSを確立し、実施し、維持し、かつ、継続的に改善することを要求している。

(2) 解説

ISMSは、QMSやEMSと同様に、マネジメントシステム規格の一つとして、Annex SLに基づいて、以下のとおり、構成されている。

① ISO/IEC 27001：2013の構造

これまで明確に規定されていたPlan-Do-Check-Act（PDCA）の構造に対して、改正後のISO/IEC 27001：2013では、ISMSを確立し、実施し、維持し、かつ、継続的に改善することを要求されているが、これまでのように、要求事項が明確にPDCAの構造となっているわけではない。

② ISO/IEC 27001：2013におけるPDCAの構造に関する考え方

PDCAの構造に関して、新しい共通マネジメントシステム規格が記述されたAnnex SLには、「SL.5.2　MSS-マネジメントシステム規格：組織が特定の目的を達成するために方針、プロセス及び手順を策定し、それらを体系的に管理するための要求事項又は指針を提供する規格」とあり、その注記1に「有効なマネジメントシステムは、通常、意図した成果を達成するためにPlan-Do-Check-Actのアプローチを用いた組織のプロセス管理を基盤とする」と記述されている。

(3) ISO/IEC 27001：2005/JIS Q 27001：2006との比較

ISO/IEC 27001：2005では「箇条4.1　一般要求事項」と「箇条5.2.1」が関連する新規の要求事項である。また、ISO/IEC 27001：2005では、規格要求事項自体がPDCAサイクルを要求していたが、改正後はマネジメントシステム規格として共通化された要求事項の構成には、そのような記述はない。ただし、(b)で述べたように、マネジメントシステム規格の基盤であるAnnex SLを通してPDCAモデルを踏襲していることには、変わりはない。

第5章
箇条5　リーダーシップ

　本章では、ISO/IEC 27001：2013の「箇条5　リーダーシップ」で要求されている事項を、要求事項の順に解説する。

　箇条5は、
- 箇条5.1　リーダーシップ及びコミットメント
- 箇条5.2　方針
- 箇条5.3　組織の役割、責任及び権限

の3つの要求事項で構成されている。

　途中、枠線で囲まれた部分はJIS Q 27001：2014からの引用である。なお、ISMS固有のテキスト部分は太字にした。

5.1 箇条5.1　リーダーシップ及びコミットメント

> ISO/IEC 27001 ／ JIS Q 27001
>
> トップマネジメントは、次に示す事項によって、ISMSに関するリーダーシップ及びコミットメントを実証しなければならない。
> a)　情報セキュリティ方針及び情報セキュリティ目的を確立し、それらが組織の戦略的な方向性と両立することを確実にする。
> b)　組織のプロセスへのISMSの要求事項の統合を確実にする。
> c)　ISMSに必要な資源が利用可能であることを確実にする。
> d)　有効な情報セキュリティマネジメント及びISMSの要求事項への適合の重要性を伝達する。
> e)　ISMSがその意図した成果を達成することを確実にする。
> f)　ISMSの有効性に寄与するよう人々を指揮し、支援する。
> g)　継続的改善を促進する。
> h)　その他の関連する管理層がその責任の領域においてリーダーシップを実証するよう、管理層の役割を支援する。

(1) 本項のねらい

ISMSにおいては、トップマネジメントがISMSに関するリーダーシップ及びコミットメントを実証することが要求されている。

(2) 解説

① トップマネジメント
　a)　トップマネジメントは、ISO/IEC 27000：2014で「最高位で組織を指揮し、管理する個人又は人々の集まり」と定義されている。2006年版の「経営陣」と同義と考えてよい。

② コミットメント
　a)　コミットメントは、辞書では「公約」「誓約」という意味であるが、

ここでは「責任をもってかかることの約束」や「責任者としての約束に対する強い決意や覚悟」といったことが求められる。

③ リーダーシップ及びコミットメント

  a) 第4章で理解した組織の状況に従って確立した情報セキュリティ方針及び情報セキュリティ目的が、組織の戦略的な方向性と合致することを求めている。

  b) 「組織のプロセスに統合する」とは、ISMSの要求事項によるものを業務プロセスのなかに組み入れることを要求している。

  c) ISMSに必要な、体制(ヒト)、設備・備品(モノ)、情報セキュリティ投資(カネ)、情報(知識、知恵を含む無形資産)などの利用可能な資源の確保が求められている。

  d) 形だけの情報セキュリティではなく、有効な情報セキュリティマネジメントの実施と、ISMSの要求事項への適合の重要性を組織内に伝達する(周知する)ことが要求されている。

  e) 情報セキュリティ方針及び情報セキュリティ目的で意図した成果を、確実に達成することが要求されている。

  f) ISMSの有効性とは、「計画したことが実施され、目的を達成する」ことであるから、「有効性に寄与するよう人々を支援し、指揮する」ということは、人々が計画を遂行し、目的を達成できるように導くことである。有効性に関しては、本書の**第6章**、及び**第9章**で、改めて解説する。

  g) PDCAサイクルに対するトップマネジメントのかかわりを通して、ISMSが継続的に改善されるようにすることを要求している。

  h) ISMSに関連する管理層が、割り当てた責任の領域においてリーダーシップ(目的・目標の設定、要員の意識向上と力量管理、課題の発見とその解決など)を発揮するように、支援することが要求されている。

(3) ISO/IEC 27001：2005/JIS Q 27001：2006との比較

ISO/IEC 27001：2005では「箇条5.1　経営陣のコミットメント」が該当する。内容は、ほぼ同等の要求事項を規定しているが、「箇条5.1 b)　組織のプロセスへのISMS要求事項の統合を確実にする」と最後の項目の「h)　その他の関連する管理層が……リーダーシップを実証するよう……支援する」は、新しい要求事項である。

5.2　箇条5.2　方針

ISO/IEC 27001 / JIS Q 27001

トップマネジメントは、次の事項を満たす**情報セキュリティ方針**を確立しなければならない。
- a)　組織の目的に対して適切である。
- b)　**情報セキュリティ目的**(6.2 参照)を含むか、又は情報セキュリティ目的の設定のための枠組みを示す。
- c)　**情報セキュリティに関連する**適用される要求事項を満たすことへのコミットメントを含む。
- d)　**ISMS**の継続的改善へのコミットメントを含む。

情報セキュリティ方針は、次に示す事項を満たさなければならない。
- e)　文書化した情報として利用可能である。
- f)　組織内に伝達される。
- g)　必要に応じて、利害関係者が入手可能である。

---

(1)　本項のねらい

箇条5.2では、トップマネジメントが必要事項を満たした情報セキュリティ方針を策定(確立)することを要求している。

(2) 解説

① 情報セキュリティ方針に満たすべき事項

a) 情報セキュリティ方針は、組織の役割や使命に対応する目的に対して適切であることが要求されている。

b) 情報セキュリティ目的は、情報セキュリティ方針のなかに組み込むか、情報セキュリティ方針のなかでそれを設定する枠組みを示すかを求められている。

情報セキュリティ目的を設定する枠組みでは、以下を考慮する必要がある。

1. 組織の戦略に対応する情報セキュリティ目的
2. 1.を達成するために、関連する部門及び階層において展開し確立した情報セキュリティ目的

c)d) 情報セキュリティに関連する要求事項及びISMSの継続的に改善へのコミットメントを含むことが要求されている。

e)f)g) 情報セキュリティ方針は、文書化し、組織内及び必要に応じて利害関係者にも利用可能にすることが要求されている。ただし、外部の利害関係者には情報セキュリティ方針のなかの必要部分のみの提示でもよい(例えば、組織の戦略にかかわる部分は開示しなくてもよい)。

(3) ISO/IEC 27001：2005/JIS Q 27001：2006との比較

ISO/IEC 27001：2005の「箇条4.2.1 b) ISMS基本方針」及び「箇条5.1 経営陣のコミットメント」が関連する。これまでに比べると、具体的な内容の要求が省略されているが、基本的な要求事項は規定されている。

5.3 箇条5.3 組織の役割、責任及び権限

> ISO/IEC 27001 / JIS Q 27001
>
> トップマネジメントは、**情報セキュリティ**に関連する役割に対して、責任及び権限を割り当て、伝達することを確実にしなければならない。
> トップマネジメントは、次の事項に対して、責任及び権限を割り当てなければならない。
> 　a)　ISMS が、この規格の要求事項に適合することを確実にする。
> 　b)　ISMS のパフォーマンスをトップマネジメントに報告する。
> 　　注記　トップマネジメントは、ISMS のパフォーマンスを組織内に**報告する責任及び権限を割り当ててもよい**。

(1)　本項のねらい

トップマネジメントが、情報セキュリティに関連する役割に関して、責任及び権限を割り当てる(決定する)だけでなく、伝達する(周知する)ことが要求されている。

(2)　解説

責任及び権限を割り当てなければならないのは以下の事項である。

① ISMS を確立し、実施し、維持し、かつ、継続的に改善するためのプロセスになんらかの形で関係する人々に対し、役割と責任、権限を割り当てる必要がある。

② 役割、責任及び権限には、ISMS のパフォーマンスの報告も含まれる。

(3)　ISO/IEC 27001：2005/JIS Q 27001：2006との比較

ISO/IEC 27001：2005 の「箇条5.1 c)」が関連する。以前に比べると、より具体的な要求事項が記述されている。

第6章
箇条6　計画

本章では、ISO/IEC 27001：2013の「箇条6　計画」で要求されている事項を、要求事項の順に解説する。

箇条6は、
- 箇条6.1　リスク及び機会に対処する活動
- 箇条6.1.1　一般
- 箇条6.1.2　情報セキュリティリスクアセスメント
- 箇条6.1.3　情報セキュリティリスク対応
- 箇条6.2　情報セキュリティ目的及びそれを達成するための計画策定

の5つの要求事項で構成されている。

ISO/IEC 27001：2013では、箇条6で計画し、箇条8でその実施を求めている。したがって、箇条6の要求事項は、計画の策定が要求されていると考えるべきである。

なお、箇条6には、情報セキュリティリスク対応及び情報セキュリティ目的を達成するための計画策定プロセスの実施が含まれる。

途中、枠線で囲まれた部分はJIS Q 27001：2014からの引用である。なお、ISMS固有のテキスト部分は太字にした。

6.1 箇条6.1 リスク及び機会に対処する活動

「箇条6.1 リスク及び機会に対処する活動」で要求されている活動は、ISO/IEC 31000：2009 で示されている**図表6.1**のリスクマネジメントプロセスのうち、リスクアセスメント及びリスク対応に基づいている。図中の番号は、ISO/IEC 27001：2013 の要求番号を追記したものである（図の中央点線範囲が箇条6.1 の要求事項に対応するプロセスとなる）。

図表6.1 リスクマネジメントプロセス

```
                    ┌─────────────────────────────────────┐
                    │ 組織の状況の確定  箇条4.1、箇条4.2、箇条4.3、│
                    │                   箇条6.1.1、箇条6.2        │
                    └─────────────────────────────────────┘
  コ                ┌─ ─ ─ ─ ─ ─ ─ ─ ─ ─ ─ ─ ─ ─ ─ ─ ─ ─ ┐    モ
  ミ                │   リスクアセスメント  箇条6.1.2       │    ニ
  ュ                │   ┌─────────────────┐             │    タ
  ニ                │   │  リスク特定  c)   │             │    リ
  ケ                │   └─────────────────┘             │    ン
  ー                │   ┌─────────────────┐             │    グ
  シ                │   │  リスク分析  d)   │             │    及
  ョ                │   └─────────────────┘             │    び
  ン                │   ┌─────────────────┐             │    レ
  及                │   │  リスク評価  e)   │             │    ビ
  び                │   └─────────────────┘             │    ュ
  協                │                                     │    ー
  議                │   ┌─────────────────────────────┐ │
                    │   │ リスク対応  箇条6.1.3、箇条6.2 │ │    箇
  箇                └ ─ └─────────────────────────────┘ ┘    条
  条                                                              9
  7
  ・
  4
```

出典） 日本工業標準審議会（審議）：『JIS Q 31000：2010　リスクマネジメント―原則及び指針』、日本規格協会、2010 年

6.1.1　箇条6.1.1　一般

> **ISO/IEC 27001 ／ JIS Q 27001**
>
> ISMSの計画を策定するとき、組織は、4.1に規定する課題及び4.2に規定する要求事項を考慮し、次の事項のために対処する必要があるリスク及び機会を決定しなければならない。
>   a) ISMSが、その意図した成果を達成できることを確実にする。
>   b) 望ましくない影響を防止又は低減する。
>   c) 継続的改善を達成する。
> 組織は、次の事項を計画しなければならない。
>   d) 上記によって決定したリスク及び機会に対処する活動
>   e) 次の事項を行う方法
>   1) その活動のISMSプロセスへの統合及び実施
>   2) その活動の有効性の評価

(1)　本項のねらい

　ISMSの計画策定に際し、組織は、箇条4.1で決定した組織の外部及び内部の課題及び箇条4.2で決定した利害関係者の情報セキュリティ要求事項を考慮し、リスク及び機会を決定することが要求されている。その際、箇条6.1.1のa)～e)の事項のために対処すべきリスク及び機会を決定することを要求している。

(2)　解説

　ISMSの計画には、箇条4.1と箇条4.2で決定した事項を考慮し、組織の課題の解決と利害関係者からのニーズ及び期待が反映され、対処すべきリスク及び機会の決定が要求されている。リスク及び機会の決定についての詳細は、箇条6.1.2で解説し、リスク及び機会に対する対処についての詳細は、箇条6.1.3に解説している。これらのプロセスにおいて、重要な要素は意図した成果、すなわち情報セキュリティ目的であり、箇条6.2で解説する。
　① リスクの定義の変更[1)]
　　a) ISO/IEC 27001：2013では、「目的に対する不確かさの影響（effect

of uncertainty on objectives)」

b) ISO/IEC 27001：2005 では、「事象の発生確率とその結果の組合せ（combination of the probability and its consequence)」

② リスクの決定

リスクを決定するためには、まず、目的を確立する必要がある。ISMS において目的（Objective）とは、情報セキュリティ目的であり、詳しくは、箇条 6.2 に記述されている。

③ 影響

ISO/IEC 27001：2005 では、マイナス（negative）の意味にとられていたが、2013 年版では、影響の意味は、期待（情報セキュリティ目的の達成）からの乖離であり、マイナス（negative）の意味だけでなくプラス（positive）の意味も含まれている。

④ リスク及び機会の決定

「リスク及び機会」は、Annex SL で導入されたものであるが、ここでのリスク（risk）は「情報セキュリティ目的に対する望ましくない影響が生じる不確実性」と捉えるとよい。

リスクは「不確実性」であり、上記③で解説したように、プラス（positive）とマイナス（negative）の両方の意味をもつ。

機会（opportunity）は「チャンス（chance）」と同義語であり、プラスの不確実性にもつながる言葉であるが、リスクと機会の関係は、「組織が好ましいと考える機会（≒利益）を得る」ための行動に対して「リスクが生じる」のであり、リスクと機会は因果関係と捉えるべきである。

これまで、情報セキュリティの世界では、リスクは「事象の結果（＝情報の機密性、完全性、可用性の喪失）及び事象の発生可能性」というマイナス（negative）の面のみ取り扱ってきた。Annex SL の採用によってリスクの定義が変わったからといって、無理に情報セキュリティのプラスのリスクを識別する必要はないと考える。

MSS（マネジメントシステム標準：**Annex SL**）の Appendix 3 には、

---

1) リスクの用語の定義についての解説は **3.2** 節(3)の①を参照してほしい。

6.1 箇条6.1 リスク及び機会に対処する活動

箇条6.1のリスクについて、「分野固有[2)]の規格では、その分野に固有の"リスク"」を定義することもできる」と補足している。

また、情報セキュリティの世界で「機会」という概念はなじみが薄いかもしれないが、例えば、ネットビジネスを行う組織が「Web上の情報保護を業界の最高レベルで行っている」という評判を得れば、「ネットビジネスの取引の拡大」という機会が訪れる可能性がある。

ただし、網羅的な情報セキュリティ設計を考えた場合、管理策レベルでの具体的な「機会」を想定したリスクの関連付けは困難であり、実務的には組織の戦略レベルでの「機会」を想定するのが適当であろう。

⑤ 対処すべき事項

ISMSの計画策定では以下の事項に対するリスク及び機会の対処を考慮することが求められている。

a) 情報セキュリティ目的の達成。
b) 情報セキュリティ目的に対するマイナスの不確実性の影響を防止又は軽減する。
c) リスク及び機会の決定及び対処に関する活動のISMSプロセスへの統合及び実施とその活動の有効性を評価する。

(3) ISO/IEC 27001：2005/JIS Q 27001：2006との比較

ISO/IEC 27001:2005では、「箇条4.2.1 d) リスクを、次のように特定する」と「箇条8.3 a) 起こり得る不適合及びその原因の特定」が関連する。改正版では、リスクの定義が変更された。これまでは、リスクゼロからのリスク受容レベルを目標値として情報セキュリティリスクアセスメントを実施してきたが、改正版では、情報セキュリティ目的に対する不確かさからの影響、すなわち情報セキュリティ目的を達成するという期待からの乖離となるため、リスク分析の基準及び(必要があれば)手順の見直しが必要である。

---

2) 「分野固有」とは「情報セキュリティ」「品質」「環境」など、マネジメント規格の分野に固有という意味である。

また、「箇条6.1.1 b) 望ましくない影響を防止又は低減する」は、改正版で削除された「箇条8.3　予防処置」に該当する要求である。

6.1.2　箇条6.1.2　情報セキュリティリスクアセスメント

ISO/IEC 27001 / JIS Q 27001

組織は、次の事項を行う情報セキュリティリスクアセスメントのプロセスを定め、適用しなければならない。
　a)　次を含む情報セキュリティのリスク基準を確立し、維持する。
　　1)　リスク受容基準
　　2)　情報セキュリティリスクアセスメントを実施するための基準
　b)　繰り返し実施した情報セキュリティリスクアセスメントが、一貫性及び妥当性があり、かつ、比較可能な結果を生み出すことを確実にする。
　c)　次によって情報セキュリティリスクを特定する。
　　1)　ISMS の適用範囲内における情報の機密性、完全性及び可用性の喪失に伴うリスクを特定するために、情報セキュリティリスクアセスメントのプロセスを適用する。
　　2)　これらのリスク所有者を特定する。
　d)　次によって情報セキュリティリスクを分析する。
　　1)　6.1.2 c)1)で特定されたリスクが実際に生じた場合に起こり得る結果についてアセスメントを行う。
　　2)　6.1.2 c)1)で特定されたリスクの現実的な起こりやすさについてアセスメントを行う。
　　3)　リスクレベルを決定する。
　e)　次によって情報セキュリティリスクを評価する。
　　1)　リスク分析の結果と 6.1.2 a)で確立したリスク基準とを比較する。
　　2)　リスク対応のために、分析したリスクの優先順位付けを行う。

> 組織は、情報セキュリティリスクアセスメントのプロセスについての文書化した情報を保持しなければならない。

(1) 本項のねらい

リスクの決定に関して、ISMSの計画では、情報セキュリティリスクアセスメントを実施することが要求されている。本項には、情報セキュリティリスクアセスメントに必須のプロセスが規定されている。

(2) 解説

ISMSの計画で定めなければならない情報セキュリティリスクアセスメントのプロセスには、以下の内容が要求されている。

① リスク基準の確立

情報セキュリティリスクアセスメントを実施するにあたって、リスク基準を確立することが求められている。リスク基準は、リスクの重大性を評価し、その対応を決定するためのもので、組織の価値観・目的・経営資源を反映する。そして、リスク基準の確立のためには、ISO 31000:2009の「5.3.5 リスク基準の決定」に記述されている次の要因を考慮すべきである。

a) 原因及び発生し得る結果の特質及び種類、並びにこれらをどのように測定するか。

b) 起こりやすさをどのように規定するか。

c) 起こりやすさ及び/又は結果を考える時間枠。

d) リスクレベルをどのように決定するか。

e) 利害関係者の見解。

f) リスクが受容可能又は許容可能になるレベル。

g) 複数のリスクの組合せを考慮に入れるのが望ましいか、また考慮に入れる場合には、どのような組合せをどのように考慮するべきか。

また、情報セキュリティリスク基準には以下の事項を決定する。

a) リスクの基点となる目的(目標)の設定

リスクは目的からの乖離（不確かさ）であるため、リスクを測定するための基点を設定する。
b) リスク受容基準
リスクが受容可能又は許容可能になるレベルを決定するための基準であり、リスクの基点（情報セキュリティ目的）からの乖離を受容又は許容する場合の基準となる。
c) 情報セキュリティリスクアセスメントを実施するための基準
リスク特定、リスク分析、リスク評価を含むリスクアセスメントプロセスを実行するために必要とされる事項を定めた基準となる。
② 一貫性、妥当性、比較可能
情報セキュリティリスクアセスメントは、組織の情報セキュリティ方針に沿って定められた統一的手法で行われ（一貫性）、論理的であり、結論に至る過程及び結論そのものに無理がなく（妥当性）、過去に行ったリスクアセスメント結果との類似点及び相違点が説明できる（比較可能）結果を生み出すことを確実にすることが、要求されている。
③ 情報セキュリティリスクの特定
ISO/IEC 27000：2014 では、リスクの特定は、「リスクを発見、認識及び記述するプロセス」と定義され、**図表6.2** のように、情報セキュリティ目的とリスク源、影響を受ける領域、事象とその原因、並びに、それらが引き起こす可能性のある結果を特定する。情報セキュリティリスクアセスメントは、目的に影響を与えるリスク源の特定が基本であり、以下により情報セキュリティリスクを特定する。
a) 組織が定めた情報セキュリティリスクアセスメントプロセスによって、ISMS の適用範囲内における情報の機密性、完全性及び可用性の喪失を引き起こす事象を識別し、リスクを特定する。
b) a)で特定されたリスク[3]に対し、運用管理することについて、アカウンタビリティ（説明責任）及び権限をもつ人又は主体（＝リスク

---

3) ISO 31000：2009 の「5.4.2　リスク特定」では、「リスク特定の狙いは、リスクの包括的な一覧を作成することである」と説明している。リスク特定の段階では、組織の目的を阻害する可能性のあるリスクを網羅的にリストアップすることが重要である。

6.1 箇条6.1 リスク及び機会に対処する活動

図表6.2 情報セキュリティリスクアセスメントのプロセス（事例の図）

リスクの定義＝目的に対する不確かさの影響

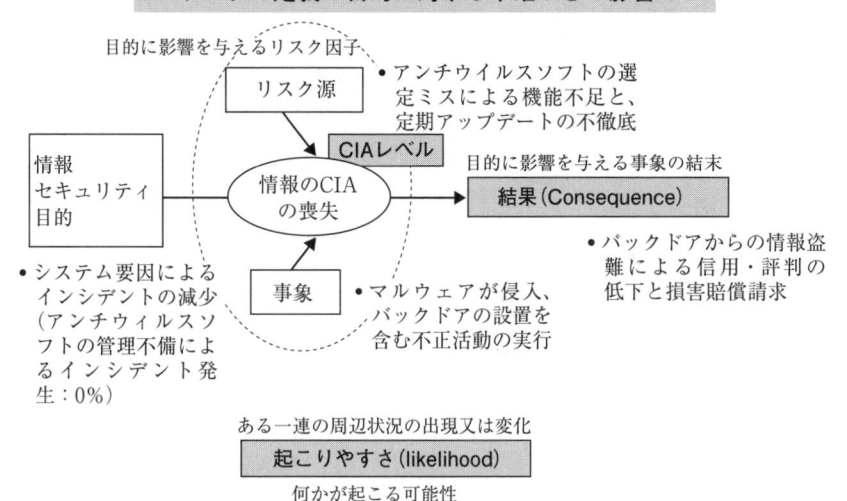

目的に影響を与えるリスク因子

- リスク源
- CIAレベル
- 情報のCIAの喪失
- 事象

情報セキュリティ目的

- システム要因によるインシデントの減少（アンチウィルスソフトの管理不備によるインシデント発生：0%）

- アンチウイルスソフトの選定ミスによる機能不足と、定期アップデートの不徹底

目的に影響を与える事象の結末
結果(Consequence)

- バックドアからの情報盗難による信用・評判の低下と損害賠償請求

- マルウェアが侵入、バックドアの設置を含む不正活動の実行

ある一連の周辺状況の出現又は変化
起こりやすさ(likelihood)
何かが起こる可能性

所有者）を特定する。

④ 情報セキュリティリスクの分析

　a) 上記の③ a)で特定されたリスクで想定される損害又は被害（結果）を評価する。結果(consequence)とは、目的に影響を与える事象(event)の結末(outcome)のことであり、情報の機密性、完全性及び可用性が喪失する事象が発生した結果、事業の停止や、信用の喪失、損害賠償請求といったダメージの大きさを評価することになる。

　b) 上記の③ a)で特定されたリスクの現実的な起こりやすさ(likelihood)についてアセスメントを行う。リスク対策がない場合（例：ネットワーク及サーバ対するアクセスの認証を行っていない)、すぐにでもリスク（不正アクセスによる情報の漏えい又は破壊など）が現実となる。起こりやすさは、一般的に、時間軸[4]や、発生頻度[5]で評価されることが多いが、リスク対策の程度で評価する場合もある。

c) リスクレベルを決定する。リスクレベルは、結果(consequence)と起こりやすさ(likelihood)によって、決定される。リスクレベルの決定には、2つの要素をマトリクスにしたリスクMAP(**図表6.3**)[6]が使用される場合が多い。

リスク受容基準の例では、組織が、「影響度は小さいがときどき起きる可能性があるリスクレベル(＝5)と同等以上のリスクは許容しない」と決めれば、リスクレベル＝5以上のリスク(**図表6.3**の網かけ部分)に対しては、起こりやすさを変える(可能性を下げる)、結果を変える(影響度を下げる)などの対応(リスクレベルを許容範囲内に引き下げる)が必要となる。

図表6.3 リスクMAPの例

結果 (影響度)	起こりやすさ (可能性)	まれに発生する	たまに起きる	ときどき起きる	繰り返し起きる
		1	2	3	4
影響 極小	1	2	3	4	5
影響 小	2	3	4	5	6
影響 中	3	4	5	6	7
影響 大	4	5	6	7	8

---

4) 例えば、「今すぐ起きる可能性がある」「1年以内に起きる可能性がある」「3年以内に起きる可能性がある」「10年以内に起きる可能性がある」といったものである。
5) 例えば、「頻繁に発生する」「ときどき発生する」「ほとんど起きない」「まれに発生する」といったものである。
6) リスクMAPは、結果の程度と起こりやすさを数値で表し、2つの要素の積又は和でリスクのレベルを表す(上記の例は「和」で表している)。太枠内の値をリスク値と呼び、リスク値の大きさでリスク受容レベルを決定することができる。また、結果(影響度)は、損害の程度を金額で表す場合もある。

リスクレベルは、**図表6.3**のように計算値で示す場合と、ABCなどの区分で表す場合などがあるが、基本的概念は同じである。マップの行/列の項目数も固定ではないが、3〜5が実際的である。

リスク値はあくまでも目安であり、絶対的なものではない。リスク対応を決定する場合は、情報の種類や利害関係者との関係などを考慮し、総合的に判断すべきである。

⑤　情報セキュリティリスクの評価
　　a)　リスク分析の結果と　①で確立したリスク基準とを比較する。リスク分析の結果とリスク基準で定義されているリスク受容基準と比較してリスク対応候補を決定する。
　　b)　リスク対応のために、分析したリスクに対する対応の優先順位付けを行う。

(3)　ISO/IEC 27001：2005/JIS Q 27001：2006との比較

　ISO/IEC 27001：2005 の「箇条 4.2.1 c)」の「リスクアセスメントの定義」、「箇条 4.2.1 d)」の「リスクの特定」、「箇条 4.2.1 e)」の「リスクの分析・評価」が該当する。改正版ではリスクそのものの定義、リスクの特定の手順など、基本的なアプローチが変更となった。
　例えば、これまで、情報セキュリティリスクの特定は、「資産、脅威、ぜい弱性、及び機密性、完全性及び可用性の喪失に伴う資産に及ぼす影響を特定する」という手順であったが、改正後は、リスク源(3.2 節(3)の⑮で解説)、影響を受ける領域、事象とその原因、並びに、それらが引き起こす可能性のある結果を特定する内容に変更となった。

6.1.3　箇条6.1.3　情報セキュリティリスク対応

ISO/IEC 27001 / JIS Q 27001

　組織は、次の事項を行うために、情報セキュリティリスク対応のプロセスを定め、適用しなければならない。
　　a)　リスクアセスメントの結果を考慮して、適切な情報セキュリティリスク対応の選択肢を選定する。
　　b)　選定した情報セキュリティリスク対応の選択肢の実施に必要な全ての管理策を決定する。
　　　　注記　組織は、必要な管理策を設計するか、又は任意の情報源の中から管理策を特定することができる。

c) 6.1.3 b)で決定した管理策を附属書Aに示す管理策と比較し、必要な管理策が見落とされていないことを検証する。

  注記1　附属書Aは、管理目的及び管理策の包括的なリストである。この規格の利用者は、必要な管理策の見落としがないことを確実にするために、附属書Aを参照することが求められている。

  注記2　管理目的は、選択した管理策に暗に含まれている。附属書Aに規定した管理目的及び管理策は、全てを網羅してはいないため、追加の管理目的及び管理策もが必要となる場合がある。

d) 次を含む適用宣言書を作成する。
  ・必要な管理策［6.1.3のb)及びc)参照］及びそれらの管理策を含めた理由
  ・それらの管理策を実施しているか否か
  ・附属書Aに規定する管理策を除外した理由
e) 情報セキュリティリスク対応計画を策定する。
f) 情報セキュリティリスク対応計画及び残留している情報セキュリティリスクの受容について、リスク所有者の承認を得る。

  組織は、情報セキュリティリスク対応のプロセスについての文書化した情報を保持しなければならない。

  注記　この規格の情報セキュリティリスクアセスメント及びリスク対応のプロセスは、JIS Q 31000に規定する原則及び一般的な指針と整合している。

(1) 本項のねらい

箇条6.1.2で特定した情報セキュリティリスクに対処するために、情報セキュリティリスク対応の選択肢の選定とその実施に必要な管理策の決定、適用宣言書の作成、リスク対応計画の作成、リスク所有者によるリスク対応計画と残留リスクの受容といった、一連の情報セキュリティリスク対応プロセスを定め運用することが要求されている。

(2) 解説

ISMS の計画において、情報セキュリティリスク対応プロセスに要求されている事項は以下のとおりである。

① 情報セキュリティリスク対応の選択肢の選定

情報セキュリティアセスメントで決定された情報セキュリティリスクに対し、適切な対応の選択肢を選定することが要求されている。

情報セキュリティのリスク対応は、受容レベルを超えたリスクの修正(第3章(3)の「2.79 リスク対応」の注記2に、好ましくない結果への対処として、「リスク軽減、リスク排除、リスク予防、リスク低減」が挙げられている)を行い、リスクが受容できる範囲にすることである。

リスク対応のプロセスでは、残留リスクレベルが許容できるかできないかを判断し、「許容できない場合は新たなリスク対応を検討すること」並びに、「残留リスクが組織のリスク基準に適合するまで対策をアセスメントすること」というレビュープロセスを実施するべきである。

第3章(3)の「2.79 リスク対応」の選択肢では、以下の項目を挙げている。

a) リスクを発生させる活動を、開始又は継続しないと決定することによって、リスクを回避(avoid)すること。

b) ある機会を追求するために、リスクをとる(take)又は増加(increase)させること。

c) リスク源(risk source)を除去すること。

d) 起こりやすさ(likelihood)を変えること。

e) 結果(consequence)を変えること。

f) 一つ又は複数の他者とそのリスクを共有(share)すること(契約及びリスクファイナンシングを含む)。

g) 情報に基づいた選択によって、リスクを保有(retain)すること。

② 管理策の決定

選定した情報セキュリティリスク対応の選択肢の実施に必要なすべての管理策を以下の方法で決定する。

a) 組織がリスク対応の選択肢の実施に必要な管理策を設計する。

b) 又は、任意の情報源(例：NIST、COBIT、ISO/IEC 27010 ～ 27019 の分野別ガイドラインなど)から管理策を選択する。

c) 附属書 A の管理策[7]と比較し、見落としがないかを検証する。

d) 最終的に、附属書 A の管理策を採用しない場合は、箇条 6.1.3 d) で要求されている適用宣言書に附属書 A の管理策を除外した理由を明記する。ただし、附属書 A の管理策は合理的な理由(対象となるリスクがないか、受容できるレベルである)がない限り、除外できない。

したがって、特に分野別管理策などを必要としない組織に関しては、最初から附属書 A の管理策を選択することを推奨する。ただし、附属書 A の管理目的及び管理策は、組織が必要とするリスク対応に対し、すべてを網羅していることを保証するものではないため、追加の管理目的、管理策が必要となる場合がある。

上記 a) b) c) は、今後、分野別 ISMS の拡充を進めるにあたり、分野別管理策セット採用などへの拡張を可能とするものである(**2.1 節(4)**を参照)。

③ 適用宣言書の作成

適用宣言書とは、上記②で採用することを決定したすべての管理策の適用を宣言した一覧表である。適用宣言書作成に関する要求事項は以下のとおりである。

a) 附属書 A のすべての管理策及び、追加した管理目的管理策を記入した一覧表を作成する。

b) 上記 a) で作成した一覧の管理策について、適用／除外を記入(例：Y/N)し、その理由を以下の3つの観点で記述する。

- 管理策を適用した理由(附属書 A に追加した管理策はそれを含めた理由)。
- それらの管理策を実施しているか否か[8]。

---

[7] 附属書 A の管理策は、実行レベルの具体性をもたないため、管理策の採用においては、具体的に実行できるレベルの対策を決定し実装しなければならない。具体的対策の例は、ISO/IEC 27002：2013 の該当する管理策の「実施の手引き」を参照するとよい。

- 附属書Aに規定する管理策を除外した理由（合理的理由が必要）。

改正版では、附属書Aから除外した管理策に対する理由の記述を求めているが、今後、分野別ISMSを適用する場合は、適用宣言書に、分野別管理策セットからの除外に関するルールが追加される予定である。

④ 情報セキュリティリスク対応計画の策定

情報セキュリティリスク対応計画の目的は、選定された対応選択肢をどのように実施するかを文書化することであり、対応計画を作成するには、次の事項を考慮すべきである。

a) 期待される取得便益を含むリスク対応の選択肢を選定した理由
b) その計画を承認するアカンタビリティをもつ人、及びその計画を実践する責務をもつ人
c) 提案された活動
d) 不測の事態への対応を含む、資源に関する要求事項
e) パフォーマンスの尺度及び制約要因
f) 報告及びモニタリングに関する要求事項
g) 時期及び日程

情報セキュリティ対応計画は、その組織のマネジメントプロセスに統合し、適切な利害関係者に認識されることが望ましい。

⑤ リスク所有者による承認

リスク所有者は、情報セキュリティリスク対応計画及び残留している情報セキュリティリスク（リスク対応後に残っているリスク＝残留リスク）の受容の内容をレビューし、内容が適切であれば承認する。ただし、残留リスクの受容承認については、リスク基準で定めたリスクの受容基準に従わなくてはならない。

---

8) 現在は必要ないため実施していないが、将来必要となる可能性があるため選択し、規程、手順などを策定している場合がある。

(3) ISO/IEC 27001：2005/JIS Q 27001：2006との比較

　ISO/IEC 27001:2005 の「箇条 4.2.2 a)」の「リスク対応計画」が該当する。これまでは、計画段階でなく、ISMS の導入及び運用段階で策定するように記述されていたが、改正版では、計画段階で策定するよう位置付けられた。要求事項の内容としては、基本的には、変わっていない。

　また、これまでは、必要な管理策は、まず、附属書 A から選択することが規定されていたが、改正後の規定では、組織は、必要な管理策を自ら設計するか、又は任意の情報源のなかから管理策を特定することができることになり、管理策の選択の方法が拡充された。

6.2　箇条6.2　情報セキュリティ目的及びそれを達成するための計画策定

ISO/IEC 27001 / JIS Q 27001

　組織は、関連する部門及び階層において、**情報セキュリティ目的**を確立しなければならない。**情報セキュリティ目的**は、次の事項を満たさなければならない。

  a)　**情報セキュリティ方針**と整合している。
  b)　(実行可能な場合)測定可能である。
  c)　適用される**情報セキュリティ要求事項**、並びに**リスクアセスメント及びリスク対応の結果**を考慮に入れる。
  d)　伝達する。
  e)　必要に応じて、更新する。

　組織は、**情報セキュリティ目的**に関する文書化した情報を保持しなければならない。

　組織は、**情報セキュリティ目的**をどのように達成するかについて計画するとき、次の事項を決定しなければならない。

  f)　実施事項

> g) 必要な資源
> h) 責任者
> i) 達成期限
> j) 結果の評価方法

(1) 本項のねらい

箇条5.1 a)で確立した情報セキュリティ目的を、関連する部門及び階層に展開し、組織全体の情報セキュリティ目的を確立することが要求されている。さらに、これらの情報セキュリティ目的を達成するための計画を作成することが、要求されている。

(2) 解説

組織は、情報セキュリティ目的に関して、次の要求事項を満たすことが、要求されている。

① 組織の情報セキュリティ目的の構造

トップマネジメントが設定する組織の最高位の情報セキュリティ目的から、関連する部門及び階層までの情報セキュリティ目的を展開する。例えば、**図表6.4**のように、企業であれば、営業部門、経理部門、人事部門、総務部門、企画部門、研究開発部門、輸送部門、情報システム部門など、異なる役割をもつ部門があり、それぞれリスクに責任をもつ情報や、リスクの種類、利害関係者の期待などは違っている。したがって、組織全体の目的を達成するには、個々の部門の特徴に合わせた目的を設定し、全体として組織の目的を達成できるようにすべきである。

なお、複数の階層に対してそれぞれの目的を設定する場合は、下位の目的が上位の目的の達成に貢献するように設計する必要がある。

② 情報セキュリティ目的の要件

どの階層の情報セキュリティ目的についても、次の項目を満足することを要件としている。

・情報セキュリティ方針と整合している。

すなわち、各階層の情報セキュリティ目的は、組織全体の情報セ

図表6.4 企業活動に貢献するための情報セキュリティ目的の確立

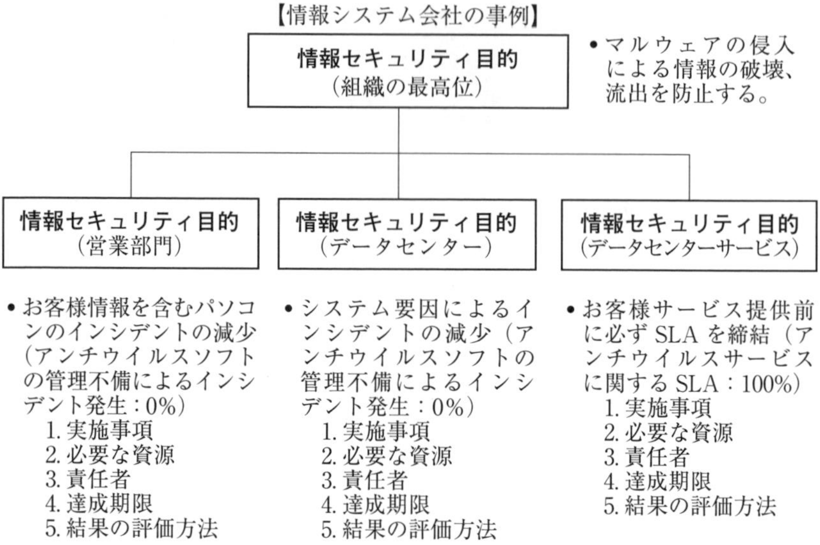

【情報システム会社の事例】

```
          情報セキュリティ目的
           （組織の最高位）
```
• マルウェアの侵入による情報の破壊、流出を防止する。

```
    情報セキュリティ目的      情報セキュリティ目的      情報セキュリティ目的
      （営業部門）           （データセンター）      （データセンターサービス）
```

- お客様情報を含むパソコンのインシデントの減少（アンチウイルスソフトの管理不備によるインシデント発生：0%）
    1. 実施事項
    2. 必要な資源
    3. 責任者
    4. 達成期限
    5. 結果の評価方法

- システム要因によるインシデントの減少（アンチウイルスソフトの管理不備によるインシデント発生：0%）
    1. 実施事項
    2. 必要な資源
    3. 責任者
    4. 達成期限
    5. 結果の評価方法

- お客様サービス提供前に必ずSLAを締結（アンチウイルスサービスに関するSLA：100%）
    1. 実施事項
    2. 必要な資源
    3. 責任者
    4. 達成期限
    5. 結果の評価方法

キュリティ方針に従って設定されることを求めている。
- （実行可能な場合）測定可能である。

　図表6.5のように、情報セキュリティ目的を達成するために、実現可能な当年の目標を設定し、それを達成したら、翌年はさらに高いレベルの目標を設定するというように、段階的に測定可能な目標を設定しながら、進めていく。組織の情報セキュリティ目的は理想的な高いレベルを目指してもよいが、個々の階層部門が設定する目的では、実行可能で測定可能な目標を設定し、進めていくのが、有効な進め方である。
- 適用される情報セキュリティ要求事項、並びにリスクアセスメント及びリスク対応の結果を考慮に入れる。

　情報セキュリティ目的を達成するために、リスクアセスメント及びリスク対応を計画するのであり、階層部門が設定する目的にもその結果を反映することは必然である。

6.2 箇条6.2 情報セキュリティ目的及びそれを達成するための計画策定

図表6.5　目的と目標の概念

- 目的：8800mの世界一の山を征服し、世界トップの登山家といわれるようになる。

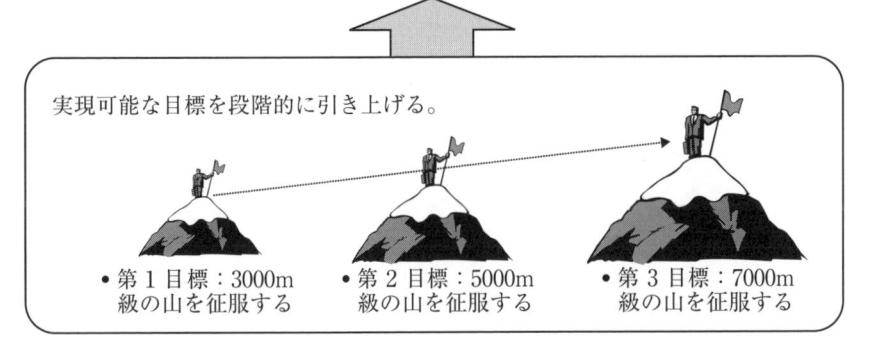

実現可能な目標を段階的に引き上げる。

- 第1目標：3000m級の山を征服する
- 第2目標：5000m級の山を征服する
- 第3目標：7000m級の山を征服する

- 伝達される。

情報セキュリティ目的（階層部門の目的を含む）は、その目的を達成するための諸活動が実施されなければならないため、その部門の構成員である従業者に伝達し、共有されなければならない。

- 必要に応じて更新する。

情報セキュリティ目的（階層部門の目的を含む）は、例えば、組織の活動が開始される年度の初めに作成され、組織の全員に伝達され、その年度の活動が開始される。情報セキュリティ目的は、毎年更新されるとともに、年度の途中でも、組織や環境の変化に基づいて、更新すべきである。

③ 情報セキュリティ目的を達成するための計画

情報セキュリティ目的は、箇条6.1の「リスク及び機会に対処する活動」の実施によって達成されなければならない。情報セキュリティ目的を達成するための計画とは、箇条6.1の「リスク及び機会に対処する活

動」を、階層別目的を含めて達成するために、実施項目ごとに、必要資源の割当て、責任者の決定、スケジュール化、活動の評価方法などを決定することである。

(3) ISO/IEC 27001：2005/JIS Q 27001：2006との比較

ISO/IEC 27001：2005の「箇条4.2.1 b) 1)」及び「箇条5.1 b)、d)」が該当する。これまでも情報セキュリティ目的に関する記述があったが、改正後の2013年版では、情報セキュリティ目的の重要性が増し、記述も増えている。

第7章
箇条7　支援

　本章では、ISO/IEC 27001：2013の「箇条7　支援」で要求されている事項を、要求事項の順に解説する。

　箇条7は、
- 箇条7.1　資源
- 箇条7.2　力量
- 箇条7.3　認識
- 箇条7.4　コミュニケーション
- 箇条7.5　文書化した情報

の5つの要求事項で構成されている。

　本章は、PDCAサイクルのすべての局面に関連する要求事項が含まれている。

　途中、枠線で囲まれた部分はJIS Q 27001：2014からの引用である。なお、ISMS固有のテキスト部分は太字にした。

7.1 箇条7.1 資源

> ISO/IEC 27001 / JIS Q 27001
>
> 組織は、ISMSの確立、実施、維持及び継続的改善に必要な資源を決定し、提供しなければならない。

(1) 本項のねらい

ISMSを確立、実施、維持及び継続的改善をしようとする組織が、そのために、必要な資源を決定し、ISMSを担当する組織の従業員に、資源を提供することが要求されている。

(2) 解説

組織が、ISMSを確立、実施、維持及び継続的改善するには、さまざまな資源を必要とする。例えば、以下のものが挙げられる。

　① 人的資源：ISMSを構築し運用・維持するための要員とそれを効率良く動かす体制と役割・責任の割当て、及びそれを行うための時間など
　② 施設・設備：ISMSのための要員や資産を収容・保護するための施設、サーバやファイアウォールなどのIT設備、ICカード錠などの入退室管理のための設備、ISMSのコミュニケーション手段など
　③ 予算：ISMSのために必要な要員の確保や物理的な安全対策、ネットワークやサーバなどのアクセス制御システムなどの導入維持費用、冗長化やバックアップなどの設備費用、技術専門要員の教育・訓練費用など
　④ ISMSのための文書化された情報(文書又は記録)の管理など

資源の提供は、ISMSの要求事項ではあるが、高価な設備やセキュリティシステムを求めている訳ではない。組織が必要とする情報セキュリティの実現に必要な資源を提供することが求められているのであり、情報セキュリティリスクアセスメントの結果を考慮し、リスク対応のために効果的で効率的な資源の提供を行うべきである。

ただし、「箇条6.2　情報セキュリティ目的及びそれを達成するための計画策

定」で要求されているように、計画の実現に必要な資源は用意しなければならない。この資源は、前述の情報セキュリティリスク対応のみでなく、マネジメントシステム全体を運営するためにも必要である。

(3) ISO/IEC 27001：2005/JIS Q 27001：2006との比較

ISO/IEC 27001：2005の「箇条5.2　経営資源の運用管理」に比べると、具体的な内容の要求が省略されているが、基本的な要求事項に変わりはない。

また、監視・レビューという記述がISO/IEC 27001：2013ではなくなっているが、維持及び継続的改善を行うためには、監視レビューの結果を評価する必要があるため、要求事項に記述がないから不要であるということではない。

7.2 箇条7.2　力量

ISO/IEC 27001 / JIS Q 27001

組織は、次の事項を行わなければならない。
a) 組織の**情報セキュリティパフォーマンス**に影響を与える業務をその管理下で行う人（又は人々）に必要な力量を決定する。
b) 適切な教育、訓練又は経験に基づいて、それらの人々が力量を備えていることを確実にする。
c) 該当する場合には、必ず、必要な力量を身につけるための処置をとり、とった処置の有効性を評価する。
d) 力量の証拠として、適切な文書化した情報を保持する。
　注記　適用される処置には、例えば、現在雇用している人々に対する、教育訓練の提供、指導の実施、配置転換の実施などがあり、また、力量を備えた人々の雇用、そうした人々との契約締結などもある。

(1) 本項のねらい

「箇条6 計画」で定めた情報セキュリティ目的、及び情報セキュリティリスク対応を実行する要員及び、「箇条5.3 組織の役割、責任及び権限」で、役割、責任及び権限を割り当てられた要員が、それを遂行する能力(力量)をもつことを確実にすることで、組織の情報セキュリティパフォーマンスを達成、維持することを求めている。

(2) 解説

(a) 力量とは

力量とは、ISO/IEC 27000：2014 では、「箇条2.11　力量(competence)：意図した結果を達成するために、知識及び技能を適用する能力」と定義されている。単に知っているだけではなく、求められることが実行できることを「力量」という。

力量は、「求められる」ものであり、役割、責任及び権限によって、どのような力量が必要かを決定することが重要である。

(b) 要員とその力量

ISMSにかかわる要員にはさまざまな力量が求められる。例えば、以下のようなものである。

① ISMS管理責任者：リーダーシップとコミットメント
② ISMSの構築・運用の推進者：要求事項、構築・運用維持・改善手順
③ ISMS内部監査員：監査基準、監査手法
④ 情報セキュリティ技術者：サーバセキュリティ、ネットワークセキュリティなどの設定と保守
⑤ 情報システム設計・開発者：サーバセキュリティ、ネットワークセキュリティなどの応用知識、セキュリティアーキテクチャ標準知識、セキュア設計、セキュアプログラミング
⑥ 一般作業者：組織のルールとその実践

それぞれの役割・責任によって求められる力量が異なっている。

(c) 力量の管理

「箇条5.3　組織の役割、責任及び権限」で割り当てた要員に対し、ISMSの役割と責任を果たすために必要な力量を決定し、不足している力量があれば、それを身に付けるための教育・訓練を提供する。

力量を管理するには、役割と責任と力量の関連を明記した一覧を作成し、要員の育成計画と教育スケジュールが連動していることが望ましく、業務遂行能力の評価と合わせて、ISMSの力量を評価できる仕組みがあることが望ましい。

要員の教育・訓練だけでは必要な力量を確保できない場合、力量のある要員を配置転換したり、専門要員を採用したり、力量のある要員を保有している外部組織にその業務を委託（アウトソーシング）したりすることも検討しなければならない。

(d) 力量の評価

力量を身に付けるためにとった処置（教育・訓練など）が有効であることを評価することが求められている。評価には、目的によって、試験（机上試験又は実地試験）やアンケートなどが用いられる。

(3) ISO/IEC 27001：2005/JIS Q 27001：2006との比較

ISO/IEC 27001：2005の「箇条5.2.2　教育・訓練、意識向上及び力量」に比べると、記述内容は簡略化されているが、基本的な要求事項に変わりはない。

7.3　箇条7.3　認識

ISO/IEC 27001 / JIS Q 27001

組織の管理下で働く人々は、次の事項に関して認識をもたなければならない。

　a) 情報セキュリティ方針

b)　情報セキュリティパフォーマンスの向上によって得られる便益を含む，ISMS の有効性に対する自らの貢献
　　c)　ISMS の要求事項に適合しないことの意味

(1)　本項のねらい

　情報セキュリティでは，組織の ISMS に小さな穴（情報セキュリティ活動の部分的な不順守や欠落など）が生じても，重大なセキュリティ事件・事故につながる場合がある。組織の管理下で働く従業員ひとり一人が情報セキュリティに対して十分な認識をもち，自ら進んで行動することができることが求められる。

(2)　解説

(a)　認識の必要性

　組織のルールを押し付けるだけの管理では，アクセス制御や，資産の取扱いに対するさまざまな制約（利用制限，持ち出し許可申請など）を嫌がり，抜け穴を探そうとし，導入した情報セキュリティが形骸化するケースが多い。

　情報セキュリティ方針，ISMS の有効性に対する自らの貢献，ISMS の要求事項に適合しないことの意味を理解するということは，組織の従業員一人ひとりが ISMS を順守するだけでなく，周囲の者による違反を見逃さない，新たな脅威やぜい弱性の発見と報告を行う，現在の情報セキュリティの改善を提案するなど，組織の ISMS の活性化につながる活動を促す効果がある。

(b)　認識のもたせ方

　「箇条7.2　力量」では，組織が従業員に対して必要な教育・訓練を行うことを求めている。しかし，ISMS の有効性に対する自らの貢献や ISMS の要求事項に適合しないことの意味などは，単に教育・訓練を受けただけでは身に着かせることが難しいため，組織は，どのようにすればこれらの認識をもたせることができるかを工夫しなければならない。

　このような認識をもつことを確実にするには，従業員の認識に関するモニタリングが必要であり，定期的なモニタリングとそのフォローアップを検討すべ

きである。

(3) ISO/IEC 27001：2005/JIS Q 27001：2006との比較

ISO/IEC 27001：2005の「箇条5.2.2　教育・訓練、意識向上及び力量」では、組織が従業員に認識させることを求めていたが、上記のように、ISO/IEC 27001：2013では、従業員に自身が認識することを求めている[1]。

一見同じように見えるが、ISO/IEC 27001：2005では、認識させるための手順（教育・訓練や、ISMS管理者による働きかけなど）が実行されていればよかったが、ISO/IEC 27001：2013では、従業員が認識できているかの結果が求められている。

7.4 箇条7.4　コミュニケーション

ISO/IEC 27001 / JIS Q 27001

組織は、次の事項を含め、**ISMS**に関連する内部及び外部のコミュニケーションを実施する必要性を決定しなければならない。
a) コミュニケーションの内容（何を伝達するか）
b) **コミュニケーションの実施時期**
c) コミュニケーションの対象者
d) **コミュニケーションの実施者**
e) コミュニケーションの実施プロセス

(1) 本項のねらい

「箇条4　組織の状況」で要求されている利害関係者のニーズ及び期待の理

---

[1] awarenessをISO/IEC 27001：2005では「意識」、ISO/IEC 27001：2013では「認識」と訳している。

解や、内部、外部の課題を把握し、「箇条5.2　方針」や「箇条6.1　リスク及び機会に対処する活動」に反映させる。また、「箇条9.3　マネジメントレビュー」で、内部・外部の利害関係者からのフィードバックを確認するなど、コミュニケーションを充実させることを求めている。

(2)　解説
(a)　コミュニケーションの必要性
　ISMSを構築し、運用、維持・改善するには、社内外の利害関係者とのコミュニケーションを通じて、期待や、ニーズを組織のISMSに取り入れる必要がある。また、最新の情報セキュリティに関する情報の入手や、ISMS運用のノウハウの取得、情報セキュリティ事件・事故に対する解決支援など、さまざまな場面で、情報の伝達又は収集が必要である。

(b)　コミュニケーションの相手と手段
　コミュニケーションには、組織内部のコミュニケーションと、組織外部とのコミュニケーションがあるが、組織内では、情報の共有相手や情報システム、施設・設備管理などのサービス提供先とのコミュニケーションがある。
　組織外とのコミュニケーションでは、顧客や取引先、監督官庁や警察などの関係当局、情報セキュリティ専門家による団体や協会、情報セキュリティサービスの提供組織などの専門組織などがある。
　どのようなコミュニケーションの目的と手段を明確にしたうえで、それを実行するために「いつ、誰と誰が、どのように行うのか」を決めなければならない。
　ここで要求されているコミュニケーションには、定期的に行われるコミュニケーションだけでなく、インシデント発生時に連絡する相手先などがあり、必ずしも双方向のコミュニケーションが常時必要となるわけではない。
　また、情報セキュリティの最新情報や、技術的ぜい弱性の情報など、定期的な配信（メールマガジンやセキュリティニュースメールなど）やWebサイトの閲覧で行うコミュニケーションもあってよい。

(3) ISO/IEC 27001：2005/JIS Q 27001：2006との比較

ISO/IEC 27001：2005 では、「箇条 4.2.4　維持及び改善」について、利害関係者に処置及び改善策を伝えることや、「箇条 5.1　経営陣のコミットメント」で組織への伝達、「箇条 7.2　レビューへのインプット」で利害関係者からのフィードバックを入れるなどが該当するが、ISO/IEC 27001：2013 では、具体的な内容は組織が定めることとし、必要なコミュニケーションをとることを求めている。

7.5　箇条 7.5　文書化した情報

「文書化した情報」には、「文書」と「記録」の 2 つの意味がある。規格の要求事項の文脈によってどちらなのかを判断するとよい。

例えば、「リスクアセスメントの**プロセス**についての**文書化した情報**を保持しなければならない」ことが「**文書**」を意味し、「XXX の**証拠として、文書化した情報**を保持しなければならない」ことが「**記録**」を意味するとなる。また、「この規格で要求されている**文書化した情報**」という場合は、**文書と記録の両方**を意味していると考えてよい。

主に記録は「XXX の**証拠**として文書化した情報を保持する」という記述で要求されている。

7.5.1　箇条 7.5.1　一般

> ISO/IEC 27001 ／ JIS Q 27001
>
> 組織の **ISMS** は、次の事項を含まなければならない。
>   a)　この規格が要求する文書化した情報
>   b)　**ISMS** の有効性のために必要であると組織が決定した、文書化した情報
>   注記　ISMS のための文書化した情報の程度は、次のような理由に

> よって、それぞれの組織で異なる場合がある。
> 1) 組織の規模、並びに活動、プロセス、製品及びサービスの種類
> 2) プロセス及びその相互作用の複雑さ
> 3) 人々の力量

(1) 本項のねらい

組織がISMSを確立、実施、維持及び継続的に改善するためには、各種方針やそれに基づく基準、標準、規程、手順などが必要である。また、ISMSの活動が実施されたことを検証するには実施の記録が必要である。これらの文書や記録を「文書化した情報」として、作成し、保持することを求めている。

(2) 解説

「箇条7.5.1 a) この規格が要求する文書化した情報」及び「箇条7.5.1 b) ISMSの有効性のために必要であると組織が決定した、文書化した情報」は、以下に列記した箇条で具体的に要求されている(例:箇条4.3では、適用範囲の文書化した情報を要求)。このなかでは、規程や手順に関する文書化の要求と、活動の証拠となる実施の記録を求めている部分があるので、要求事項をよく理解し、正しい「文書化した文書」を保持する必要がある。ただし、必ずしも文書と記録のいずれか片方を要求しているとは限らず、文書と記録の両方を要求しているものもあるので注意が必要である。

① 「箇条4.3 情報セキュリティマネジメントシステムの適用範囲の決定」
 ・適用範囲
② 「箇条5.2 方針」
 ・情報セキュリティ方針
③ 「箇条6.1.2 情報セキュリティリスクアセスメント」
 ・情報セキュリティリスクアセスメントプロセス
④ 「箇条6.1.3 情報セキュリティリスク対応」
 ・情報セキュリティリスク対応プロセス
⑤ 「箇条6.2 情報セキュリティ目的及びそれを達成するための計画策定」

7.5 箇条7.5 文書化した情報

- 情報セキュリティ目的
⑥ 「箇条7.2 力量」
- 力量の証拠
⑦ 「箇条7.5.3 文書化した情報の管理」
- 組織が必要と決定した外部からの文書化した情報
⑧ 「箇条8.1 運用の計画及び管理」
- 箇条6.1及び箇条6.2の活動が実施されたと確信をもつために必要な程度の文書化した情報
⑨ 「箇条8.2 情報セキュリティリスクアセスメント」
- 情報セキュリティリスクアセスメント結果
⑩ 「箇条8.3 情報セキュリティリスク対応」
- 情報セキュリティリスク対応結果
⑪ 「箇条9.1 監視、測定、分析及び評価」
- 監視及び測定の結果
⑫ 「箇条9.2 内部監査」
- 監査プログラム及び監査結果
⑬ 「箇条9.3 マネジメントレビュー」
- マネジメントレビューの結果
⑭ 「箇条10.1 不適合及び是正処置」
- 不適合の性質及びとった処置
- 是正処置の結果

また、文書化した情報の管理に関する要求事項は、以下に記述されている。

❶ 「箇条7.5.1 （文書化した情報）一般」
- 組織がISMSのために要求される又は必要である文書化した情報の作成
❷ 「箇条7.5.2 作成及び更新」
- 文書化した情報の作成・更新の管理
❸ 「箇条7.5.3 文書化した情報の管理」
- 文書化した情報のライフサイクル(利用、配布、保管・保存、変更、保持・廃棄)の管理
- ISMSに必要な外部からの文書の管理

さらに、「文書化した情報」という言葉ではなく、文書名で作成を要求されているのは「箇条6.1.3 d)　次を含む**適用宣言書を作成する**」及び「箇条6.1.3 e)　**情報セキュリティリスク対応計画を策定する**」の２つである。

(3)　ISO/IEC 27001：2005/JIS Q 27001：2006との比較

ISO/IEC 27001：2005では、箇条4～8の本文中及び、箇条4.3.1でISMS文書として含めるべき文書名及び記録の例が示されていたが、ISO/IEC 27001：2013では、「a)　この規格が要求する文書化した情報」として一括して要求され、それぞれの箇条のなかに必要な文書化された情報（文書又は記録）が記述されている。

ISO/IEC 27001：2013では、文書と記録が「文書化した情報」に統一され、「文書化した情報」には、ISO/IEC 27001：2005の「文書」と「記録」の両方の意味が含まれている。日本語の文書の意味は「書籍・書類・書状・証文など」となっており、「記録」は含まれていないため、「文書化した情報(documented information)」という訳語に違和感を感じる人もいるかもしれないが、英語圏では、「documented information」に「document」と「record」の２つの意味があるとされている。ただし、証拠として要求する場合は、「documented information as evidence」と、as evidenceを追加している。

7.5.2　箇条7.5.2　作成及び更新

ISO/IEC 27001 / JIS Q 27001

文書化した情報を作成及び更新する際、組織は、次の事項を確実にしなければならない。
a)　適切な識別及び記述（例えば、タイトル、日付、作成者、参照番号）
b)　適切な形式（例えば、言語、ソフトウェアの版、図表）及び媒体（例えば、紙、電子媒体）
c)　適切性及び妥当性に関する、適切なレビュー及び承認
---

(1) 本項のねらい

　文書化した情報を作成及び更新する場合、作成及び更新されたものが、適切に保管され、必要に応じて参照できること、及び、文書化された情報に誤りや不適切な内容があったりしないようレビューし承認することを求めている。

(2) 解説

　文書化した情報は、検索しやすいように、適切な識別を行う必要がある。また、情報の内容に合わせた形式で作成し、管理しやすい媒体に格納する。媒体の選択では、不正アクセスの防止や毀損及び改ざん防止などの観点を考慮すべきである。

　長期保存媒体の劣化に関する対策としては、媒体の劣化による影響が出る前に媒体を更新することが望ましい(媒体更新期限の例：酸性紙＝20年、中性紙＝150年、和紙＝1000年、CDR/RW＝10年、フラッシュメモリ＝10年、HDD＝5年など、利用環境によっても異なる)。

　文書化した情報が不適切であったり、内容に誤りがあったりすれば、その情報の利用者が誤った判断によるISMSの運用を行い、情報セキュリティリスクの対応に問題が生じる可能性があるため、文書化した情報の適切性及び妥当性に関する、適切なレビュー及び承認が必要である。

(3) ISO/IEC 27001：2005/JIS Q 27001：2006との比較

　ISO/IEC 27001：2005では、文書管理の「箇条4.3.2 a)」「箇条4.3.2 b)」「箇条4.3.2 e)」が該当するが、ISO/IEC 27001：2013では、記述内容、形式の種類、媒体の種類など要求内容がより具体的である。特に、記述内容が具体的になっているため、既存の文書や記録の記述について点検し、不備があれば修正する必要がある。

7.5.3　箇条7.5.3　文書化した情報の管理

> ISO/IEC 27001／JIS Q 27001
>
> 　ISMS及びこの規格で要求されている文書化した情報は、次の事項を確実にするために、管理しなければならない。
> 　　a)　文書化した情報が、必要なときに、必要なところで、入手可能かつ利用に適した状態である。
> 　　b)　文書化した情報が十分に保護されている（例えば、機密性の喪失、不適切な使用及び完全性の喪失からの保護）。
> 　文書化した情報の管理に当たって、組織は、該当する場合には、必ず、次の行動に取り組まなければならない。
> 　　c)　配付、アクセス、検索及び利用
> 　　d)　読みやすさが保たれることを含む、保管及び保存
> 　　e)　変更の管理（例えば、版の管理）
> 　　f)　保持及び廃棄
> 　ISMSの計画及び運用のために組織が必要と決定した外部からの文書化した情報は、必要に応じて、特定し、管理しなければならない。
> 　　注記　アクセスとは、文書化した情報の閲覧だけの許可に関する決定、文書化した情報の閲覧及び変更の許可及び権限に関する決定、などを意味する。

(1)　本項のねらい

「箇条7.5.2　作成及び更新」で、作成又は更新された文書化された情報は、その目的を果たすために、必要なときに、必要とする者（許可された者）が適切な文書又は記録[2]を利用できることを求めている。

---

[2]　正確で揃っている（欠落がない）最新の版又は必要とする版（例えば、新旧バージョン利用時のソフトウェア管理マニュアル）のことである。

(2) 解説

■文書化した情報のライフサイクル管理

「箇条7.5.2　作成及び更新」は、文書化された情報を作成又は更新する時点での要求事項であるが、箇条7.5.3は、文書化された後の情報の管理である。

本項で要求されているのは、情報のライフサイクルに合わせた管理である。

箇条7.5.2で作成された文書化された情報を、利用し、保護し、配布又はアクセスを許可し、保管・保存し、変更し、保持・廃棄するといった一連のプロセスのなかで、必要な者(許可された者)が、必要な時にアクセスでき、正確で必要事項が揃っている情報を利用できることが求められる。

また、情報の配布やアクセス許可では、誤配布やなりすましを防ぐ必要があり、変更(改正など)によって複数の版が存在する場合は、適切な版が利用できなければならない。

保持及び廃棄に関しても、必要な期間を過ぎて文書化された情報を保持することは、リスクを高めることになるため、定められた期限で廃棄することが必要となる。

■外部文書

ISMSの計画及び運用のために組織が作成した文書化した情報以外に、外部からの文書化した情報を必要とする場合がある。

大きな組織では、グループ会社の統括組織が、配下の関連会社に対し、共通のグループセキュリティ標準を提供している場合がある。また、取引先などから情報セキュリティに関する要求事項が提示される場合もあり、組織がISMSを計画し、運用するにあたり、参照しなければならないと決定した外部文書は特定し、管理する必要がある。

外部文書を管理する意味は、組織が作成したものではないため、参照することを失念したり、改正によって版が変更されたのに気付かず、古い版を使用し続けたりすることを防止することである。

ISMS認証を取得した組織では、ISO/IEC 27001:2013も外部文書となるが、これは認証取得の前提となる文書であり、定期的な審査によってその存在を常に意識させられているため、あえて外部文書としての特別な管理を行うことは

不要と考える。

(3) ISO/IEC 27001:2005/JIS Q 27001:2006との比較

ISO/IEC 27001:2005では、文書管理の「箇条4.3.2」(文書管理)と「箇条4.3.3」(記録の管理)が該当するが、ISO/IEC 27001:2013では、文書と記録の区別はなくなった。したがって、箇条7.5.3の要求事項は、文書と記録の両方に対するものであるが、「e) 変更の管理(例えば、版の管理)」は文書のみが対象である(記録は変更してはならない)。

第8章
箇条8 運用

　本章では、ISO/IEC 27001：2013の「箇条8　運用」で要求されている事項を、要求事項の順に解説する。

　箇条8は、
- 箇条8.1　運用の計画及び管理
- 箇条8.2　情報セキュリティリスクアセスメント
- 箇条8.3　情報セキュリティリスク対応

の3つの要求事項で構成されている。

　本章は、PDCAサイクルの、P(Plan)とD(Do)に関連する要求事項である。

　途中、枠線で囲まれた部分はJIS Q 27001：2014からの引用である。なお、ISMS固有のテキスト部分は太字にした。

8.1 箇条8.1　運用の計画及び管理

> **ISO/IEC 27001 / JIS Q 27001**
>
> 　組織は、**情報セキュリティ**要求事項を満たすため、及び6.1で決定した活動を実施するために必要なプロセスを計画し、実施し、かつ管理しなければならない。また、組織は、6.2で決定した情報セキュリティ目的を達成するための計画を実施しなければならない。
> 　組織は、プロセスが計画通りに実施されたという確信をもつために必要な程度の、文書化した情報を保持しなければならない。
> 　組織は、計画した変更を管理し、意図しない変更によって生じた結果をレビューし、必要に応じて、有害な影響を軽減する処置をとらなければならない。
> 　組織は、外部委託したプロセスが決定され、かつ、管理されていることを確実にしなければならない。

(1)　本項のねらい

　箇条6.1及び箇条6.2で決定した活動や目的達成の計画は実施されなければならない。そのため、情報セキュリティリスク対応の活動を実施するためのプロセスを計画とその実施をすること、情報セキュリティ目的を達成するための計画を実施することを求めている。

(2)　解説

(a)　計画の実行

　計画の策定から実施の流れでは、箇条6.1で決定したリスク対応を踏まえて、箇条6.2で情報セキュリティ目的を達成するための活動計画を作成し、箇条8.1では、それを実行に移すための「実行プロセス（運用計画）」の策定とその実施及び管理が求められている。

　決定した実行プロセスは、可能な限り業務プロセスのなかに組み込むべきである。ISMSだけのためのプロセスは、「実行しなくても業務に支障がない」

又は,「アクセス制限や手続きの煩雑さ及び利用上の制約のため,業務に支障が出る(業務効率を低下させる)」などの理由で,実施する・しないを従業員が勝手に判断する可能性があるが,業務に組み込まれたISMSプロセスであれば確実に実行される。

情報セキュリティ目的の達成は,経営戦略としての情報セキュリティを実現し,経営に役立つ情報セキュリティを確立するための重要な要素である。

計画の実行にあたっては,実施状況を管理し,内部及び外部の状況によって計画に変更が生じるようであれば,その影響を評価し有害な影響を軽減するよう対処する。

(b) 外部委託の管理

ISMSの活動の一部(例:ネットワーク管理、サーバ管理、廃棄物管理など)を外部委託(アウトソーシング)した場合,委託した活動に関する実施手順が確立し,適切に実施されるようにしなければならない。その場合,外部委託契約のなかに,必要なセキュリティ条項を組み込み,その順守状況を監視,監督することが重要である。

(3) ISO/IEC 27001:2005/JIS Q 27001:2006との比較

JIS Q 27001:2005では,「箇条4.2.2」(ISMSの導入及び運用)と「箇条8.3」(予防処置)が該当するが,ISO/IEC 27001:2013では,実施するだけでなく,実施するためのプロセスを計画することを求めている。

8.2 箇条8.2 情報セキュリティリスクアセスメント

ISO/IEC 27001 / JIS Q 27001

組織は,あらかじめ定めた間隔で,又は重大な変更が提案されたか若しくは重大な変化が生じた場合に,6.1.2 a)で確立した基準を考慮して,情

> 報セキュリティリスクアセスメントを実施しなければならない。
> 　組織は、情報セキュリティリスクアセスメント結果の文書化した情報を保持しなければならない。

(1)　本項のねらい

　情報セキュリティのリスクは、決して固定的なものではなく、「箇条6.1.2 c)　情報セキュリティリスクの特定」で特定し、「箇条6.1.3　情報セキュリティリスク対応」でその対応を決定した時点から常に変化し続けているものである。

　リスクが常に受容水準以下であることを確実にするために、組織のISMSに影響を与えるリスクに大きな変化があった場合は、「箇条6.1.2 a)」で確立した基準に従って、リスクアセスメントの見直しを行うことを要求している。

(2)　解説

　リスクの重大な変化の発生に限らず、組織の状況の変化や、リスクの要素（脅威、ぜい弱性）に関する変化、リスク対策の陳腐化などを定期的（1年に1回程度）にレビューし、リスク対策を適正なレベルに保たなければならない。

■組織の状況が変化する例
- 新しいリスクアセスメントの対象（守るべき対象）の発生
- 物理的環境の変化、技術革新又は急激な変化
- 法令・規制要求事項及び契約上の義務の変化、社会的風潮の変化
- 事業の目的及びプロセスの変化、組織の役割の変化、脅威の発生又は変化、採用（導入）した管理策の有効性喪失又は低下
- ぜい弱性の発見
- 不適合の是正処置に伴う類似の不適合の可能性の発見

(3)　ISO/IEC 27001：2005/JIS Q 27001：2006との比較

　ISO/IEC 27001：2005では、「箇条4.2.3 d)　リスクアセスメントの定期的レビュー」が該当するが、ISO/IEC 27001：2013では、具体的な考慮事項は省

略されている。また、リスク基準について、ISO/IEC 27000：2013 の「箇条 2.73　リスク基準（risk criteria）」では、注記 1 で「組織の目的、外部状況及び内部状況に基づく」とされ、注記 2 で「規格、法律、方針及びその他の要求事項から導き出される」とされている。

8.3 箇条 8.3　情報セキュリティリスク対応

> ISO/IEC 27001／JIS Q 27001
>
> 組織は、情報セキュリティリスク対応計画を実施しなければならない。
> 組織は、情報セキュリティリスク対応結果の文書化した情報を保持しなければならない。

（1）　本項のねらい

　箇条 8.1 では、箇条 6.1 で作成したリスク及び機会に対する活動計画を実行することを求めているが、本項では、そのなかでも、「箇条 6.1.3 e)　情報セキュリティリスク対応計画を策定する」で計画した内容を実施することを求めている。

（2）　解説

　計画したことは実施されなければならないが、情報セキュリティリスク対応計画の実施には、経営資源の提供が必要である。限られた経営資源を有効に活用するには、「箇条 6.1.2 e)　情報セキュリティリスク評価、2)　リスクの優先順位付け」で優先順位の高いものから実施すべきである。また、経営資源のなかで資金面の資源が必要な情報セキュリティリスク対策では、費用対効果及び緊急度を考慮した予算化を行うべきである。

(3) ISO/IEC 27001：2005/JIS Q 27001：2006との比較

　ISO/IEC 27001：2005 では、「箇条 4.2.2 b)　特定した管理目的を達成するためにリスク対応計画を実施する」が該当するが、ISO/IEC 27001：2013 では、情報セキュリティリスク対応計画実施のための経営資源に関する記述は省略されている。ただし、経営資源については、「箇条 7.1　資源：ISMS の確立、実施、維持及び継続的に必要な資源の決定と提供」にあるように、ISMS の実施に必要な資源を決定し、提供する必要があるため、情報セキュリティリスク対応計画に必要な資源は提供されなければならない。

第 9 章
箇条9　パフォーマンス評価

　本章では、ISO/IEC 27001：2013 の「箇条9　パフォーマンス評価」で要求されている事項を、要求事項の順に解説する。

　箇条9は、
- 箇条9.1　監視、測定、分析及び評価
- 箇条9.2　内部監査
- 箇条9.3　マネジメントレビュー

の3つの要求事項で構成されている。

　本章は、PDCA サイクルの、C(Check) と A(Act) に関連する要求事項である。

　途中、枠線で囲まれた部分は JIS Q 27001：2014 からの引用である。なお、ISMS 固有のテキスト部分は太字にした。

9.1 箇条9.1　監視、測定、分析及び評価

> ISO/IEC 27001 ／ JIS Q 27001
>
> 組織は、**情報セキュリティパフォーマンス及び ISMS の有効性**を評価しなければならない。
>
> 組織は、次の事項を決定しなければならない。
> a) 必要とされる監視及び測定の対象。これには、**情報セキュリティプロセス及び管理策を含む。**
> b) 該当する場合には、必ず、妥当な結果を確実にするための、監視、測定、分析及び評価の方法
>   注記　選定した方法は、妥当と考えられる、比較可能で再現可能な結果を生み出すことが望ましい。
> c) 監視及び測定の実施時期
> d) **監視及び測定の実施者**
> e) 監視及び測定の結果の、分析及び評価の時期
> f) **監視及び測定の結果の、分析及び評価の実施者**
>
> 組織は、監視及び測定の結果の証拠として、適切な文書化した情報を保持しなければならない。

(1) 本項のねらい

ISMS を継続的に改善するために、「箇条8　運用」で実施した情報セキュリティのパフォーマンス(情報セキュリティの活動の結果)及び、ISMS の有効性を評価するために、必要とされる対象について、監視及び測定しその結果の分析及び評価をすることを求めている。

(2) 解説
(a) パフォーマンス

パフォーマンスは ISO/IEC 27000：2013 に、「測定可能な結果」と定義されている。情報セキュリティのパフォーマンスとは情報セキュリティリスク対応

策を含む情報セキュリティに関連する諸活動を実施した結果であると考えることができる。

(b) 有効性

有効性は「計画した活動を実行し、計画した結果を達成した程度」と定義されている。

有効性の定義の「計画した結果を達成した程度」を「目的の達成度」と置き換えれば、ISMSの有効性は、「ISMSを実施し、その目的を達成した程度」と考えることができる(ISMSの実施とは、マネジメントシステムのPDCAサイクルを回しながら、情報セキュリティの諸活動を実行していることと考える)。

(c) 監視及び測定

監視及び測定では、採用した管理策によって、日々監視が必要な活動から、月単位、年単位でよいものまで多様な活動が含まれるため、計画した結果を達成した程度を評価するためには、それぞれの活動に合わせた監視及び測定のタイミングを設定する必要がある。

情報セキュリティパフォーマンス及びISMSの有効性の評価について、実施時期に関する要求は記述されていないが、組織の事業年度(通常は1年単位)に合わせて実施すべきである。

(d) 分析及び評価

「情報セキュリティパフォーマンス及びISMSの有効性を評価」をするためには、あらかじめ評価可能(定性的又は定量的のどちらでもよい)な計画を作成し、その測定と評価方法を決定する必要がある。

分析及び評価では、単に実施されていればよいのではなく、「計画どおりに実施」されているかどうかを分析し評価しなければならない。情報セキュリティのプロセスと管理策は、情報セキュリティの目的を達成するための手段であり、目的を達成するための道筋(計画)が明確であることが重要である。

(3) ISO/IEC 27001：2005/JIS Q 27001：2006との比較

ISO/IEC 27001：2005 では、「箇条 4.2.2 d)　選択した管理策又は一群の管理策の有効性をどのように測定するかを定義し、また、比較可能で再現可能な結果を生み出すための管理策の有効性のアセスメントを行うために、それらの測定をどのように利用するかを規定する」及び、「箇条 4.2.3 b)　ISMS の有効性について定期的にレビューする」と「箇条 4.2.3 h)　ISMS の有効性又はパフォーマンスに影響を及ぼす可能性のある活動及び事象を記録する」が該当する。

ISO/IEC 27001：2013 では、「選択した管理策又は一群の管理策」と「それらの測定をどのように利用するかを規定する」は削除されている。これまでは、「すべての管理策の有効性を評価すること」と解釈されてきたが、今後は、組織が決定する事項として「箇条 9.1 a)　必要とされる監視及び測定の対象。これには、情報セキュリティプロセス及び管理策を含む」と記述されているように、情報セキュリティパフォーマンス及び ISMS の有効性を評価するための監視及び測定の対象を、組織自身が検討し決定するのである。

また、「測定をどのように利用するか」については、有効性測定は ISMS の継続的改善のために利用するのであり、特に影響はない。

9.2　箇条9.2　内部監査

ISO/IEC 27001 ／ JIS Q 27001

組織は、ISMS が次の状況にあるか否かに関する情報を提供するために、あらかじめ定めた間隔で内部監査を実施しなければならない。

a)　次の事項に適合している。

1) ISMS に関して、組織自体が規定した要求事項
2) この規格の要求事項

b)　有効に実施され、維持されている。

組織は、次に示す事項を行わなければならない。

> c) 頻度、方法、責任及び計画に関する要求事項及び報告を含む、監査プログラムの計画、確立、実施及び維持。監査プログラムは、関連するプロセスの重要性及び前回までの監査の結果を考慮に入れなければならない。
> d) 各監査について、監査基準及び監査範囲を明確にする。
> e) 監査プロセスの客観性及び公平性を確保するために、監査員を選定し、監査を実施する。
> f) 監査の結果を関連する管理層に報告することを確実にする。
> g) 監査プログラム及び監査結果の証拠として、文書化した情報を保持する。

(1) 本項のねらい

マネジメントシステムでは、計画(plan)したことが、実施(do)されているかを点検(check)しなければならない。この点検(check)を客観的で公平な者とものとするため内部監査が要求されている。

(2) 解説

ISO/IEC 27000：2013では、「2.5 監査(audit)：監査基準が満たされている程度を判定するために、監査証拠を収集し、それを客観的に評価するための、体系的で、独立し、文書化したプロセス」と定義している。

(a) 適合性

「監査基準」は『ISO 19011：2011 マネジメントシステム監査のための指針』[1]に定義されているが、監査で確認した事実(ISMSの状況)と突き合わせ、適合性((規格又は組織の)要求事項を満たしている程度)を評価するための基準

---

1) 『ISO 19011：2011 マネジメントシステムの監査のための指針』は、すべてのマネジメントシステムに適用される監査の指針である。本規格を採用し内部監査を実施しようとする組織は、ISO 19011の指針を参照するとよい。内部監査の具体的な実施手順は、本書の姉妹書として出版する『ISO/IEC 27001 情報セキュリティマネジメントシステム(ISMS) 構築・運用の実践』で詳述する。

である。本項では監査基準を「組織自体が規定した要求事項」と「規格(JIS Q 27001：2014)の要求事項」と定めている。

(b) 客観性及び公平性

客観性及び公平性を確保するために、監査員を選定することを求めているが、ISO 19011：2011 では、「監査員は自分自身の仕事を監査してはならない」と定めている。監査員の選定にあたっては、自分自身の仕事を監査することのないように、所属部署以外の部署を監査する体制(監査チーム)をつくらなくてはならない。

(c) 有効に実施

監査基準に適合しているだけでは、必ずしも有効な活動とはいえない場合がある。組織全体で一律のリスク対策を導入した場合、適用される環境によっては、新たなリスクが生じている場合がある[2]。

内部監査員は、監査基準を理解し、適合性を判断できるだけでなく、組織にとって、その活動が有効で効率的であるかを判定できる力量を身に付けるべきである。

(d) 報告

内部監査は、ISMS を導入した組織が自らの ISMS が要求事項に適合した活動を行っているかを点検するものであるから、内部監査の報告先は、組織の運営責任者(経営層)である。情報セキュリティは、組織の経営戦略にも影響を与える重要なものであることから、内部監査による的確な組織の状況を報告しなければならない。経営層は、内部監査チームからの報告を待つだけでなく、経営層として、どのような監査報告が必要か監査を実施する前に監査チームに伝えるべきである。

---

[2] 例えば「重要な情報を取り扱う建物の出入り口は IC カードによる本人認証と、フラッパーゲートによる伴連れ防止を行う」という入退管理策自体は適合であるが、建物の裏口は監視カメラや監視員が設置されておらず、高さ 1m のフラッパーゲートを乗り越えられると容易に不正侵入ができる状態であるとすれば、その対策は有効ではない。

(3) ISO/IEC 27001：2005/JIS Q 27001：2006との比較

ISO/IEC 27001：2005では、「箇条6　ISMS内部監査」が該当するが、ISO/IEC 27001：2013では、内部監査の実務に関する具体的な要求事項は削除された。しかし、マネジメントシステムの監査は、ISO 19011を基本とするため、組織がISMSの監査プログラムの計画、確立、実施及び維持を行うにあたっては、ISO 19011の指針に従うべきである。

9.3　箇条9.3　マネジメントレビュー

> **ISO/IEC 27001／JIS Q 27001**
>
> トップマネジメントは、組織のISMSが、引き続き、適切、妥当かつ有効であることを確実にするために、あらかじめ定めた間隔で、ISMSをレビューしなければならない。
>
> マネジメントレビューは、次の事項を考慮しなければならない。
>
> a) 前回までのマネジメントレビューの結果とった処置の状況
> b) ISMSに関連する外部及び内部の課題の変化
> c) 次に示す傾向を含めた、**情報セキュリティパフォーマンスに関するフィードバック**
>   1) 不適合及び是正処置
>   2) 監視及び測定の結果
>   3) 監査結果
>   4) 情報セキュリティ目的の達成
> d) 利害関係者からのフィードバック
> e) リスクアセスメントの結果及びリスク対応計画の状況
> f) 継続的改善の機会
>
> マネジメントレビューからのアウトプットには、継続的改善の機会、及びISMSのあらゆる変更の必要性に関する決定を含めなければならない。組織は、マネジメントレビューの結果の証拠として、文書化した情報を

第9章　箇条9　パフォーマンス評価

保持しなければならない。

(1)　本項のねらい

トップマネジメントが、「箇条5.1　リーダーシップ及ぶコミットメント」で実証しなければならない ISMS の活動[3]について、マネジメントレビューを行い、組織の ISMS が、引き続き、適切、妥当かつ有効であることを確認するとともに、継続的改善の機会、及び ISMS のあらゆる変更の必要性に関する決定を行うことを要求している。

(2)　解説

(a)　レビューの実施時期

マネジメントレビューは「あらかじめ定めた間隔」で行うことが求められるが、組織の事業年度(通常は1年単位)に合わせて年1回のみ実施するということだけでは効果的なリーダーシップを発揮することは困難である。

事業年度のなかで、都度行われる ISMS 関連のイベント[4]のタイミングに合わせてレビューを実施すべきである。また、年1回は年度の活動を総括レビューし、翌年に向けての改善を指示すべきである。

また、マネジメントレビューは単独で行うだけでなく、組織が行う経営会議や部門長会議など、既存の会議体のなかに組み込む形で実施してもよい。

(b)　レビューのインプットとアウトプット

マネジメントレビューは、組織の ISMS 全般の状況をレビューし継続的改善を推進するためのものであり、年間の ISMS の活動計画に合わせ、「箇条9.3 a)〜f)」を含め、事前にどのような内容をインプットし何をレビューするかを定めるべきである。

---

3) 情報セキュリティ年度目標の設定、教育計画の策定と実施、リスク対応計画の策定と見直し、内部監査計画の策定と実施、ISMS 有効性評価、ISMS 認証審査など。
4) 情報セキュリティ方針及び目的の確立、組織のプロセスへの ISMS 要求事項の統合、ISMS に必要な資源が利用可能、ISMS の意図した成果を達成する、継続的改善を促進する、など。

特に、「箇条9.3 c) 4) 情報セキュリティ目的の達成」は、情報セキュリティの有効性を判断する重要なポイントであり、「箇条6.2 情報セキュリティ目的及びそれを達成するための計画策定」で作成した目的達成のための計画の適切さも含めてレビューすべきである。本項の表題である「パフォーマンス評価」のなかでマネジメントレビューが要求されているということを考慮し、トップマネジメントが適切なレビューを行うために必要なインプットを行うべきである。

また、レビューからのアウトプットでは、継続的改善のために、組織が何をしなければならないかを含め、ISMSの目的を達成するために必要な課題に対する決定事項を含めなければならない。

(3) ISO/IEC 27001：2005/JIS Q 27001：2006との比較

ISO/IEC 27001：2005では、「箇条4.2.3 f) 適用範囲が引き続き適切であること、及びISMSのプロセスにおける改善策を特定(箇条7.1参照)することを確実にするために、ISMSのマネジメントレビューを定期的に実施する」と「箇条5.1 h) ISMSのマネジメントレビューを実施する(箇条7参照)」及び「箇条7 ISMSのマネジメントレビュー」が該当する。

ISO/IEC 27001：2013では、ISO/IEC 27001：2005の具体的なインプット項目とアウトプット項目は整理され、考慮事項としてa)からf)が要求された。新規の要求としては「c) 4) **情報セキュリティ目的の達成**」がある。

その他の変更としては、箇条4.2.3 f)の「適用範囲が引き続き適切であること」や箇条7の「あらかじめ定めた間隔(少なくとも年1回)」と「情報セキュリティの基本方針及び目的を含め、ISMSに対する改善の機会及び変更の必要性のアセスメント」が削除された。

「適用範囲」が適切でないということは、ISO/IEC 27001：2013の「箇条9.3 b) ISMSに関連する外部及び内部の課題の変化」に該当する事象が起きているわけであるから、「箇条4 組織の状況」の見直しとして検討すべきである。

定められた間隔の「(少なくとも年1回)」については、組織の事業年度のなかでレビューするのが当然であり、年に何回実施してもよいわけであるから、

削除されても特にこれまでの実施時期や回数を変更する必要はない。

　基本方針の見直しに関しては、**第 11 章の管理策 A.5.1.2** でレビューが求められているため、箇条 9.3 の要求事項には記述されていなくても実施しなければならないことに変更はない。

　削除された項目は、おおむね「箇条 9.3 b)　ISMS に関連する外部及び内部の課題の変化」に関連するため、今後は、どのような課題の変化を対象とするか、組織自身が決めなければならない。

第10章
箇条10　改善

　本章では、ISO/IEC 27001：2013の「箇条10　改善」で要求されている事項を、要求事項の順に解説する。

　箇条10は、
- 箇条10.1　不適合及び是正処置
- 箇条10.2　継続的改善

の2つの要求事項で構成されている。

　本章は、PDCAサイクルの、A（Act）に関連する要求事項である。

　途中、枠線で囲まれた部分はJIS Q 27001：2014からの引用である。なお、ISMS固有のテキスト部分は太字にした。

10.1 箇条10.1 不適合及び是正処置

> **ISO/IEC 27001 / JIS Q 27001**
>
> 不適合が発生した場合、組織は、次の事項を行わなければならない。
>   a) その不適合に対処し、該当する場合には、必ず、次の事項を行う。
>   1) その不適合を管理し、修正するための処置をとる。
>   2) その不適合によって起こった結果に対処する。
>   b) その不適合が再発又は他のところで発生しないようにするため、次の事項によって、その不適合の原因を除去するための処置をとる必要性を評価する。
>   1) その不適合をレビューする。
>   2) その不適合の原因を明確に決定する。
>   3) 類似の不適合の有無、又はそれが発生する可能性を明確にする。
>   c) 必要な処置を実施する。
>   d) とった全ての是正処置の有効性をレビューする。
>   e) 必要な場合には、ISMSの変更を行う。
> 是正処置は、検出された不適合のもつ影響に応じたものでなければならない。
> 組織は、次に示す事項の証拠として、文書化した情報を保持しなければならない。
>   f) 不適合の性質及びとった処置
>   g) 是正処置の結果

(1) 本項のねらい

「箇条9 パフォーマンス評価」で発見した不適合又は、情報セキュリティ事件・事故が発生した場合、その不適合及び不適合の結果生じた結果に対処し、是正(再発防止)処置を講じることでISMSの有効性を維持することを求めている。

(2) 解説
(a) 不適合

不適合とは、要求事項(規格(ISO/IEC 27001：2013)、社内ルール、法令・規制、契約事項、顧客要求事項など)を満たしていないことである。この場合、満たしていないということは、「違反」「不順守」「不実施」「失敗」といった状態のことであり、必ずしも情報セキュリティの事件・事故に結び付いている状態とは限らない。

(b) 修正と是正

不適合は「是正処置」を求められているが、不適合を発見した際の最初に行うのは、「修正」である。まず、不適合状態を適合状態に戻すのが修正であり、そのうえで、不適合の原因を究明し、再発防止を行うのが是正である。修正すれば、再発しないということであれば、それが是正ということになる。

(c) 是正処置の決定と有効性のレビュー

不適合は是正されなければならないが、それは、不適合によって生じる結果の影響(損害の大きさ)と発生可能性によって決められるべきである。例えば、100万円の損害予想に対し1,000万円で保護するのは不合理であるが、1,000万円の損害予想に対し100万円で保護することは合理的である。また、100年に1度1,000万円の損害が生じる考えられる不適合(例：自然災害)に対し、毎年100万円の保護対策を実施することも不合理である。

上記のように、原因を究明し、適切な再発防止の処置を決定するにはリスクアセスメントを行い、リスクに応じた対応策を講じる必要がある。また、是正処置を実施した後に、その処置が有効であるかを評価し、必要な場合には、社内ルールを含むISMSの変更も行うべきである。

(d) ISMSの変更

「不適合」は、要求事項を満たしていないことであるが、不適合の原因が「要求事項の対処方法」そのものにある場合も考えられる。

例えば、全社規定で、「レベル4以上の重要な情報資産は、常に施錠できる

保管場所に格納し、利用する場合は、利用者、利用目的、利用期間を明記したうえで上司の許可を得ること」と定めた企業で、先端技術の研究チームや、特許を扱う法務部門などは、業務で取り扱う情報すべてがレベル4を超えている場合、定めたルールに従っていたのでは業務に重大な支障が出るとすれば、あえて規定を無視するということが考えられる。

この場合、強行に是正を求めることもできるが、要求事項自体に無理があるとして、規定に対して(リスク受容基準の範囲で)例外を設け、リスクを低減するためにほかの管理策(入退室管理の強化、罰則の付いた誓約書など)を適用するなど、ISMSの変更も考慮すべきである。

(3) ISO/IEC 27001：2005/JIS Q 27001：2006との比較

ISO/IEC 27001：2005では、「箇条8.2 是正処置」が該当するが、「箇条8.3 予防処置」の要求は削除された。これは、予防処置が不要であるからではなく、MSS(マネジメントシステム標準：Annex SL)のAppendix3のコメントでは、「この上位構造及び共通テキストには、"予防処置"の特定の要求事項に関する箇条がない。これは、正式なマネジメントシステムの重要な目的の一つが、予防的なツールとしての役割をもつためである」と記述されている。つまり、ISO/IEC 27001自体が予防処置の要求事項であることから、改めて「予防処置」という要求事項は必要ないということである。

ISO/IEC 27001：2005の予防処置に関する手続きは、「箇条4 組織の状況」の見直しと、「箇条6 計画」の見直しを行い、情報セキュリティリスク対応(＝予防処置)に変更があれば、「箇条8 運用」で実施することで達成することができる。

10.2 箇条10.2　継続的改善

> ISO/IEC 27001／JIS Q 27001
>
> 　組織は、ISMSの適切性、妥当性及び有効性を継続的に改善しなければならない。

(1)　本項のねらい

「箇条4　組織の状況」から「箇条10.1　不適合及び是正処置」までの一連の要求事項を繰り返し行うことでISMSの適切性、妥当性及び有効性を継続的に改善することを求めている。

(2)　解説

MSS(マネジメントシステム標準：Annex SL)に、「SL.5.2　MSS-マネジメントシステム規格：組織が特定の目的を達成するために方針、プロセス及び手順を策定し、それらを体系的に管理するための要求事項又は指針を提供する規格」とあり、その注記1に「有効なマネジメントシステムは、通常、意図した成果を達成するために"Plan-Do-Check-Act"のアプローチを用いた組織のプロセス管理を基盤とする」と記述されている。

継続的改善は、この"Plan-Do-Check-Act"のアプローチを用いた組織のプロセス管理基盤を運用することで達成されるものであり、個々のISMSの活動を積み重ねることによって可能となる。

(3)　ISO/IEC 27001：2005/JIS Q 27001：2006との比較

ISO/IEC 27001：2005では、「箇条8.1　継続的改善」が該当するが、ISO/IEC 27001：2013では、具体的な改善の手順は省略され、「何を継続的に改善しなければならないのか」を要求している。

要求内容は変化したが、組織の"Plan-Do-Check-Act"のアプローチを用いた運用を行うことで、要求されている内容はカバーされる。

第11章
附属書 A 管理目的及び管理策

本章では、ISO/IEC 27001：2013 の附属書 A で要求されている管理目的及び管理策を、要求事項の順に解説する。

附属書 A は、A.5〜A.18 の 14 のドメインと、35 の管理目的、114 の管理策で構成されている。

附属書 A の管理策は「箇条 6.1.3　情報セキュリティリスク対応」で選定したリスク対応に必要な管理策のリストであり、この管理策を除外するには論理的な理由(管理策の対象となるリスクがないなど)が必要である。

途中、枠線で囲まれた部分は JIS Q 27001：2014 からの引用である。なお、ISMS 固有のテキスト部分は太字にした。

第 11 章　附属書 A　管理目的及び管理策

11.1　管理目的と管理策の読み方

　管理策は管理目的を達成するための手段であり、管理目的と管理策は合わせて読むのが正しい。例えば、A.5.1.1 の管理策を理解する場合は、「【目的】情報セキュリティのための経営陣の方向性及び支持を、事業上の要求事項並びに関連する法令及び規則に従って提示するため」に、「【管理策】情報セキュリティのための方針群は、これを定義し、管理層が承認し、発行し、従業員及び関連する外部関係者に通知しなければならない」のである。このように、管理目的と管理策を続けて読むことで、正しい理解が得られる。

　また、ISO/IEC 27001：2013 の管理策は、世界中のどの国のどの組織でも利用できるように作成されているが、そのために、要求事項は抽象的で具体的な実施面に関しては書かれていない。本書の読者が各管理策の具体的な実施の方法を知りたい場合は、ISO/IEC 27002：2013 の実施の手引きを参照するとよい。

　なお、本書の姉妹書である『ISO/IEC 27001　情報セキュリティマネジメントシステム（ISMS）　構築・運用の実践』では管理策の使い方について詳述するので参考にしてほしい。

11.2　ISO/IEC 27001：2005/JIS Q 27001：2006 からの主な変更点

　全体として、管理目的と管理策の関係が見直された。この結果、ISO/IEC 27001：2005 の管理目的と管理策の関係が適切でないとされたものは、より適切とされた管理目的の下に配置（再編）された。

　また、用語の翻訳も見直され、日本語としてはニュアンスが変化したものでも、原文の英単語は変化していない場合がある。これは、より適切な日本語訳になったと解釈すべきである。ただし、そのため、従来とは異なる対応が必要となった部分もある。

　さらに、ISO/IEC 27001：2005 の発行から 8 年が経過しているため、IT 技

術の変化によって陳腐化した要求もあり、管理策の内容の見直しと同時に、陳腐化したか、ほかの管理策との重複があると判断された管理策は削除された。結果的に、管理策は、ISO/IEC 27001：2005 の 133 に対し、ISO/IEC 27001：2013 では、114 と 19 の管理策が削除され減少した。

なお、以降の新旧対比の解説中で、「ISO/IEC 27001：2005」の表示のない要求事項(本文 4 ～ 10)、管理目的(A.5.1 ～ A.18.1)、管理策(A.5.1.1 ～ A.18.1.3)は、冗長な記述を簡略化するために ISO/IEC 27001：2013 の表記を省略した規格要求事項、管理目的、管理策である。

11.3 附属書 A「管理目的と管理策」の解説

下記の解説では、以下の①～③のように、ISO/IEC 27001：2013 の要求事項として実施が求められるもの、要求事項としては明記されていないが、管理策の目的を達成するうえでぜひ実施してほしい事項、要求事項を満たすうえで必須ではないが、情報セキュリティとして実施することを(筆者が)推奨する事項についての３つの観点の解説が含まれている。

■解説の記述の例

① 「……しなければならない」：要求事項の説明
② 「……べきである又は必要である」：要求事項には明確に記述されていないが、要求事項を満たすためにはぜひ実施してほしい事柄
③ 「……望ましい」：要求事項を満たすのに、必須ではないが実施したほうがよいと推奨する事柄

(1) A.5 情報セキュリティのための方針群

「箇条5.2 方針」で要求された「情報セキュリティ方針」は、組織の目的と、情報セキュリティ目的の設定と情報セキュリティに関して適用される要求事項へのコミットメント、及び ISMS の継続的改善へのコミットメントを満たす上位の方針策定の要求であるが、**図表11.1** のように、「情報セキュリティのため

図表11.1　情報セキュリティ方針群（例）

情報セキュリティ方針群

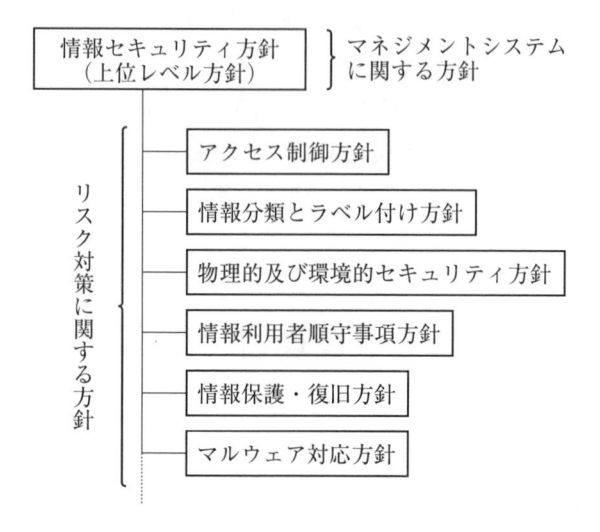

- 情報セキュリティ方針（上位レベル方針）　― マネジメントシステムに関する方針
- リスク対策に関する方針
  - アクセス制御方針
  - 情報分類とラベル付け方針
  - 物理的及び環境的セキュリティ方針
  - 情報利用者順守事項方針
  - 情報保護・復旧方針
  - マルウェア対応方針

の方針群」とは、上位の方針に加えて、情報セキュリティリスク対応に関する下位の方針を含む情報セキュリティの方針全体を総称するものである。

ISO/IEC 27001 ／ JIS Q 27001

A.5.1　情報セキュリティのための経営陣の方向性

　目的：情報セキュリティのための経営陣の方向性及び支持を、事業上の要求事項並びに、関連する法令及び規制に従って提示するため。

A.5.1.1　情報セキュリティのための方針群

　管理策：情報セキュリティのための方針群は、これを定義し、管理層が承認し、発行し、従業員及び関連する外部関係者に通知しなければならない。

> A.5.1.2 情報セキュリティのための方針群のレビュー
> 管理策:情報セキュリティ方針は、あらかじめ定めた間隔で、又は重大な変化が発生した場合に、それが引き続き適切、妥当かつ有効であることを確実にするためにレビューしなければならない。

(a) 解説
■情報セキュリティのための方針群

「情報セキュリティのための方針群」は、ISO/IEC 27001:2013の本文の箇条4から箇条10では要求されていないが、ISO/IEC 27002:2013の「A.5.1.1 情報セキュリティのための方針群」の実施の手引きに、「方針群のより低いレベルでは、情報セキュリティ方針は、トピック固有の個別方針によって支持されることが望ましい」と記述されており、トピックの例として以下が紹介されている。

- a) アクセス制御(箇条9参照)
- b) 情報分類(及び取扱い)(A.8.2参照)
- c) 物理的及び環境的セキュリティ(箇条11参照)
- d) 次のようなエンドユーザ関連のトピック
  1) 資産利用の許容範囲(A.8.1.3参照)
  2) クリアデスク・クリアスクリーン(A.11.2.9参照)
  3) 情報転送(A.13.2.1参照)
  4) モバイル機器及びテレワーキング(A.6.2参照)
  5) ソフトウェアのインストール及び使用の制限(A.12.6.2参照)
- e) バックアップ(A.12.3参照)
- f) 情報の転送(A.13.2参照)
- g) マルウェアからの保護(A.12.2参照)
- h) 技術的ぜい弱性の管理(A.12.6.1参照)
- i) 暗号による管理策(箇条10参照)
- j) 通信のセキュリティ(箇条13参照)
- k) プライバシー及び個人を特定できる情報(以下、PIIという)の保護(A.18.1.4参照)

1) 供給者関係(箇条15参照)

箇条6.1.3で附属書Aから選択した管理策は、「要求事項」であるので、「情報セキュリティのための方針群」に関する定義については、ISO/IEC 27002：2013を参考にすべきである。ただし、トピックの種類については、ISO/IEC 27001：2013では明示的に要求していないため、組織の判断で必要と考えるトピックに関する情報セキュリティ方針群を策定すればよい。

■情報セキュリティのための方針群のレビュー

情報セキュリティのための方針群は、事業上の要求事項、関連する法令及び規則の変化などによって、当初策定した方向性に変更が生じる場合がある。大きな変更が生じた場合、又は、あらかじめ定めた間隔(例えば、組織の事業年度の単位に合わせて「1年に1回以上」とする)で見直しを行わなければならない。

方針の見直しは、経営陣によって行われなければならないため、マネジメントレビューなどのタイミングで行うのが効率的である。

(b) ISO/IEC 27001：2005/JIS Q 27001：2006との比較

ISO/IEC 27001：2005の「情報セキュリティ基本方針」が「情報セキュリティ方針群」に変更され、下位レベルのトピック固有の個別方針を含めた「情報セキュリティのための方針群」が追加された。

(2) A.6 情報セキュリティのための組織

ISMSを構築し、運用していくためには、「箇条5.3 組織の役割、責任及び権限」で要求された役割、責任及び権限がその目的を果たせるように、ISMSとしての組織体制が必要である。

ISO/IEC 27001 ／ JIS Q 27001
A.6.1 内部組織[1]

---

1) 「内部組織」に対して「外部組織」という管理目的は用意されていない。

11.3 附属書A「管理目的と管理策」の解説

> 目的：組織内で情報セキュリティの実施及び運用に着手し、これを統制するための管理上の枠組みを確立するため。
>
> A.6.1.1　情報セキュリティの役割及び責任
> 　管理策：全ての情報セキュリティ責任を定め、割り当てなければならない。
>
> A.6.1.2　職務の分離
> 　管理策：相反する職務及び責任範囲は、組織の資産に対する、認可されていない若しくは意図しない変更又は不正使用の危険性を低減するために、分離しなければならない。
>
> A.6.1.3　関係当局との連絡
> 　管理策：関係当局との適切な連絡体制を維持しなければならない。
>
> A.6.1.4　専門組織との連絡
> 　管理策：情報セキュリティに関する研究会又は会議、及び情報セキュリティの専門家による協会・団体との適切な連絡体制を維持しなければならない。
>
> A.6.1.5　プロジェクトマネジメントにおける情報セキュリティ
> 　管理策：プロジェクトの種類にかかわらず、プロジェクトマネジメントにおいては、情報セキュリティに取り組まなければならない。

（a）解説

■情報セキュリティの役割と責任

ISMSの組織には、以下のような役割を設け、それぞれに必要な責任と権限を割り当てるべきである。

① トップマネジメント：単独又は複数の責任者で、CEO、CFO、CISO及び、管理機関(取締役会など)から責任を委譲されている人、又は人々

が該当する。

② 情報セキュリティ委員会：トップマネジメントが直接関与してもよいが、CISOと部門代表者で構成することが多い。

③ ISMS事務局：情報セキュリティ委員会を補佐し、組織のISMSの構築、運用全般の推進を行うチーム

④ ISMS推進責任者、担当者：業務遂行部門又はプロジェクトのISMS実行責任者とそれを補佐する担当者

⑤ ISMS内部監査責任者、内部監査員：専門監査員又は兼務の監査チーム

⑥ 情報セキュリティ技術者：サーバセキュリティ、ネットワークセキュリティなどの設定と保守を担当する技術者

⑦ その他

■職務の分離

　職務を分割しなければならないのは、相反する職務（conflicting duties）が同じ者に与えられることで、不注意又は故意による組織の資産への不正使用が起きることを防止するためである。

　「相反する」の原文は「conflicting」で、これには「相争う、矛盾する」というような意味がある。例えば、「申請者」と「承認者」のような関係であり、重要な職務のなかに、相反する内容が含まれていないかを確認し、職務を分割したうえで兼務を禁じることが望ましい。

　職務の分離の例では、「情報システムの開発者と運用者の分離」「情報利用者と承認者の分離」「情報処理設備の導入依頼者と承認者の分離」などがある。

■関係当局及び専門組織との連絡

　関係当局は、事件・事故が発生した場合に、その対処を依頼するか、報告義務のある相手である。連絡先には以下のような相手がある。

① 警察：IT犯罪の捜査など

② 消防：火災通報や人命救護

③ 監督官庁：報告義務

④　総務省：通信関係のトラブル
⑤　IPA：不正アクセス及びマルウェア感染の発見及び被害の届出
⑥　JPCERT/CC：報告の受付け、対応の支援、発生状況の把握、手口の分析、再発防止のための対策の検討や助言

常時連絡を取り合う必要はないが、事件・事故が発生した場合に、時期を失せず連絡をとり、必要な対応がとれるようにしなければならない。

連絡先の電話番号や、電子メールその他の手段を確認し、文書化し、定期的に変更がないことを確認すべきである。文書化にあたっては、IT機器が使用できない事態も考慮し、電子情報だけでなく、書類などの形で保持することも必要である。

また、事件・事故発生時の混乱で連絡、通報が遅れたり、重複したりすることのないように、何が起きた場合、「いつ、誰が、どのような内容を、どこ(関係当局の)に連絡するか」を決めておくべきである。

専門組織は、情報セキュリティの脅威やぜい弱性(セキュリティホールなど)及び情報セキュリティレベル向上に関する技術やノウハウなどの最新の情報を提供又は共有する相手である。それには、例えば、以下のようなものがある。

❶　警視庁サイバー犯罪対策課：サイバー犯罪の最新情報の提供と相談を受け付けている。
❷　IPA：不正アクセス及びマルウェア感染の最新情報の提供をしている。
❸　JPCERT/CC：報告の受付け、対応の支援、発生状況の把握、手口の分析、再発防止のための対策の検討や助言を行っている。
❹　アンチウイルスソフトウェア提供会社：マルウェアの最新情報などを提供している。
❺　情報セキュリティに関する研究団体：例えば、日本ISMSユーザーグループ、日本ネットワークセキュリティ協会、日本セキュリティ監査協会、情報ネットワーク法学会その他がある。会員として活動したり、活動内容の発表などを通じて情報を入手できる。

最新の不正アクセスとマルウェア発生及び、WindowsなどのOSや市販ソフトウェアなどで発見されたぜい弱性や、それに対応するセキュリティパッチなどの情報はタイムリーに収集する必要があるため、いつ、誰が、どのような

情報を、何の目的で収集するかを決定し、収集した情報の利用の仕方も確立しなければならない。

また、組織のISMSの維持・向上のために、情報セキュリティに関する研究団体に加盟し、積極的に意見交換や、情報の共有を行うことは有益である。

■プロジェクトマネジメントにおける情報セキュリティ

プロジェクト[2]は、組織の通常業務とは異なる形で運用される場合が多いため、プロジェクト自身に情報セキュリティを組み込む必要がある。

プロジェクトの目的に情報セキュリティの目的を含めたり、プロジェクトのライフサイクル(立ち上げ、計画、実行、管理、終結)と利用又は作成される資産に対する情報セキュリティリスクアセスメントを行ったりすることで、適切な情報セキュリティリスク対策を実施しなければならない。

(b) ISO/IEC 27001：2005/JIS Q 27001：2006との比較

「A.6.1.5 プロジェクトマネジメントにおける情報セキュリティ」は新しい要求事項である。また、A.6.1.2はISO/IEC 27001：2005のA.10.1.3からの再編である。

ISO/IEC 27001：2005の「A.6.1.1 情報セキュリティに対する経営陣の責任」および「A.6.1.2」の情報セキュリティ活動は、組織の中の、関連する役割及び職務機能をもつ様々な部署の代表が、調整しなければならない(ISO/IEC 27001：2013には対応項目なし)」は削除された。ただし、ISO/IEC 27001：2005のA.6.1.1は、「A.7.2.1 の経営陣の責任」に関連し、「箇条5.1 リーダーシップ及びコミットメント」の要求事項でもカバーされている。また、ISO/IEC 27001：2005のA.6.1.2は、本文の要求事項「箇条7.4 コミュニケーション」のなかで実施することができる。

ISO/IEC 27001：2013のA.6.1.1は、ISO/IEC 27001：2005の「A.6.1.3 情報セキュリティ責任の割当て」と「A.8.1.1 役割及び責任」の2つの管理策を統合したものであるが、役割及び責任の定義だけでなく、役割及び責任を明確

---

2) 一般的には、特定の目標をもち、期間が定められているような計画や事業を指す。

11.3 附属書A「管理目的と管理策」の解説

に割り当てることを要求している。それ以外は表現が変更された部分はあるが、基本的な要求内容は変化していない。

ISO/IEC 27001 / JIS Q 27001

A.6.2　モバイル機器及びテレワーキング
　目的：モバイル機器の利用及びテレワーキングに関する情報セキュリティを確実にするため。

A.6.2.1　モバイル機器の方針
　管理策：モバイル機器を用いることによって生じるリスクを管理するために、方針及びその方針を支援するセキュリティ対策を採用しなければならない。

A.6.2.2　テレワーキング
　管理策：テレワーキングの場所でアクセス、処理及び保存される情報を保護するために、方針及びその方針を支援するセキュリティ対策を実施しなければならない。

(a)　解説
■モバイル機器

　モバイル機器は、ノートPC、タブレット、スマートフォン、携帯電話、などの持ち運びができて、組織の情報を取り扱うことのできる端末の総称である（今後は眼鏡型端末や腕時計型端末などウェアラブルコンピューティングにより、さらにモバイルの対象機器は増加すると思われる）。必ずしも通信できることがモバイルの条件ではないが、無線通信で組織の情報にアクセスできるようにしている場合が多い。

　組織の構内で使用する場合と違い、公共の場所などでの使用も含め、保護されていない環境での使用を伴うため、特別なセキュリティ対策が必要である。

　一般的には、
　　① 屋外での物理的安全性対策

② 覗き見防止
　③ 置き忘れ、紛失対策
　④ 置き引きや車上荒らしなどの盗難対策
　⑤ 酒席への持ち込み注意

などで、主な対策としては、利用の許認可、取扱いの注意や、暗号化、リモートロック、個人認証の多重化、機器認証、マルウェアからの保護、バックアップなどである。

　スマートフォンやタブレットなどの普及とSNSなどのコミュニケーション手段の発展により、個人のモバイル機器利用は増大する一方である。

　組織や団体も、SNSなどの利用の可能性に着目し、業務にも取り入れるところが増加しているが、モバイル機器やSNSなどの特性を考慮した安全対策を十分に実施しているといえない状況である。また、個人端末の業務利用も増加しており、BYOD(Bring-Your-Own-Device)に対する対策も必要である。

　各組織では、個人の所有するモバイル機器を含めて、どのようなモバイル機器が利用されているのか、組織の情報管理と個人の情報端末の利用との関係をどのように安全なものとしていくのか、情報セキュリティリスクアセスメントの継続的見直しが必要となっている。

■テレワーキング

　テレワーキングは、モバイルコンピューティングと違い、固定した拠点からのアクセスを前提としている。このため、モバイル機器を自宅に持ち帰って週末利用したとしても、テレワーキングとはいわない。

　テレワーキングは、ネットワーク接続されたコンピュータを利用し、自宅やサテライトオフィスなどで、メインオフィスと同等の業務処理を行うことと考えてよい。したがって、テレワーキングを許可する場合は、以下のような安全対策が考えられる。

　① テレワーキングの必要性確認と許認可の仕組み
　② 建物や周辺環境の物理的セキュリティの確保
　③ 通信セキュリティの確保
　④ 個人所有のIT設備の使用禁止又は、安全な環境設定と、目的外使用

の禁止
⑤ 同居者(家族を含む)からの無許可アクセスの防止(組織と雇用契約のない家族や同居者は第三者である)
⑥ アクセス認証の多重化／なりすまし防止
⑦ 安全対策に関する定期的指導及び監査

(b) ISO/IEC 27001：2005/JIS Q 27001：2006 との比較

　A.6.2.1、A.6.2.2 は ISO/IEC 27001：2005 の「A.11.7.1」と「A.11.7.2」からの再編である。表現は変更されているが、基本的な要求内容は変化していない。
　ISO/IEC 27001：2005 の「A.6.2.1」「A.6.2.2」はほかの管理策に含まれるか、適切でない(例えば「A.6.2.1」の「リスクの識別」は、規格本文「箇条 6.1.2 情報セキュリティリスクアセスメント」の要求事項であり管理策ではない)という理由で削除された。

(3) A.7 人的資源のセキュリティ

　人的資源の対象は、組織が雇用する「従業員」と雇用関係はないが、業務委託などで組織の ISMS 適用範囲のなかで業務に従事する「契約相手」となる。
　契約のない外部者(部外者)は、組織の ISMS を適用することができないため、人的資源の対象外(第三者)として扱うことになる。
　人的資源のセキュリティでは、「雇用前」「雇用期間中」「雇用の終了又は変更」の3つの段階における従業員及び契約相手への要求事項である。

ISO/IEC 27001 ／ JIS Q 27001

A.7.1　雇用前
　目的：従業員及び契約相手がその責任を理解し、求められている役割にふさわしいことを確実にするため。

A.7.1.1　選考
　管理策：全ての従業員候補者についての経歴などの確認は、関連する法令、規制及び倫理に従って行わなければならない。また、この確認

> は、事業上の要求事項、アクセスされる情報の分類及び認識されたリスクに応じて行わなければならない。
>
> A.7.1.2　雇用条件
> 　管理策：従業員及び契約相手との雇用契約書には，情報セキュリティに関する各自の責任及び組織の責任を記載しなければならない。

(a)　解説
■雇用前
　原則として、雇用前に組織の資産にアクセスを許可することはさせないはずであり、A.7.1 で要求しているのは、雇用された従業員又は契約相手が、組織の ISMS を順守できることを確認することである。

■選考
　管理目的に合わせて「全ての従業員候補者」に対する要求事項は、契約相手に関しても適用すべきである。
　採用時の提出書類には、「履歴書、住民票記載事項の証明書、身元保証書」などがあるが、厚生労働省は、「就職差別を防止する観点から採用選考時の身元調査は行わない。宗教に関すること、思想に関することなどの本来自由であるべき事項や、本籍・出身地に関することなどは、就職差別につながるおそれがある」として、これらを採用選考時に配慮すべき事項として定め、企業を指導している（しかし、禁止しているわけではない）。
　選考の目的は、「採用した従業員が情報セキュリティを順守し、事件・事故を起こさない」ことである。したがって、組織は、行政指導や判例を考慮したうえで、採用の自由のなかで、必要な情報を収集し、採用の可否を判断しなければならない。
　例えば、役員秘書や役員専属運転手、先端技術開発技術者などは、特に厳しいセキュリティを要求されるため、採用にあたっては、合法的な採用の自由のなかで必要事項を確認し、不祥事を起こす可能性の低い要員の採用を行うことができる[3]。

■雇用条件

選考された従業員(契約相手を含む)には、就業前に、就業した場合の順守事項として情報セキュリティに関する就業条件を提示し、契約又は協定しなければならない。

(b) ISO/IEC 27001：2005/JIS Q 27001：2006 との比較

管理目的「A7.1　雇用前」は ISO/IEC 27001：2005 の「A.8.1」からの項番変更である。ただし、「A8.1.1　役割及び責任」は削除された。また、同様の要求が ISO/IEC 27001：2005 の「A.6.1.3」にあり、「A.6.1.1」に編集されている。

ISO/IEC 27001：2005 の「第三者の利用者」は、そもそも組織のマネジメントの対象外であるとの見方から、削除された。

それ以外は、表現は変更されたが、基本的な要求内容は変化していない。

ISO/IEC 27001 / JIS Q 27001

A.7.2　雇用期間中
　目的：従業員及び契約相手が、情報セキュリティの責任を認識し、かつ、その責任を遂行することを確実にするため[4]。

A.7.2.1　経営陣の責任
　管理策：経営陣は、組織の確立された方針及び手順に従った情報セキュリティの適用を、全ての従業員及び契約相手に要求しなければならない。

A.7.2.2　情報セキュリティの意識向上、教育及び訓練

---

[3]　ISO/IEC 27001：2005 の「第三者の利用者」と「盗難、不正行為、又は施設の不正使用のリスクを低減するため」は目的から削除された。
　　また、「第三者の利用者」は、そもそも組織のマネジメントの対象外であるとの見方から、組織のマネジメントの対象は「従業員」と、契約関係のある「契約相手」となり削除された。契約相手の場合は、「雇用前」を「契約前」と読み換える。

[4]　契約相手の場合は、「雇用期間中」を「契約期間中」と読み換えればよい。

> 管理策:組織の全ての従業員、及び関係する場合には契約相手は、職務に関連する組織の方針及び手順についての、適切な、意識向上のための教育及び訓練を受けなければならず、また、定めに従ってその更新を受けなければならない。
>
> A.7.2.3 懲戒手続
> 管理策:情報セキュリティ違反を犯した従業員に対して処置をとるための、正式かつ周知された懲戒手続を備えなければならない。

(a) 解説

■経営陣の責任と懲戒手続

ISMSの適用範囲に関係する従業員(契約相手を含む)が、情報セキュリティの役割や責任を認識し、組織の情報セキュリティ方針群や、手順を順守しなかった場合、組織の情報セキュリティリスク対応に穴(ぜい弱性)が生じ、重大な情報セキュリティ事件・事故を引き起こす可能性がある。

経営陣(トップマネジメント)は、従業員(契約相手を含む)に対し、情報セキュリティの役割や責任を認識させ、組織の情報セキュリティ方針群や、手順を順守するよう求めなければならない。

情報セキュリティの役割や責任を認識させる手段としては、教育・訓練、通達、訓示、職務分掌などさまざまな方法があるが、経営陣(トップマネジメント)自らが率先してその責任を認識し、手本となるような行動をとることが、求められるリーダーシップである。

また、懲戒手続は有効な情報セキュリティ違反への抑止効果となり得るが、組織全体が、情報セキュリティの役割や責任を認識して行動する風土がなければ、懲戒手続きがあっても適切に運用できない[5]。ただし、懲戒手続は、雇用契約のある従業員が対象であり、雇用関係にない契約相手(派遣社員、コンサルタントなど)は対象としていない。

---

[5] これは「赤信号みんなで渡れば怖くない」状態であり、大多数が守らない規則違反で特定の個人を処罰することはできない。

11.3 附属書A「管理目的と管理策」の解説

経営陣(トップマネジメント)は、情報セキュリティのために従業員が行う行動を経営陣が評価することで、組織の風土に情報セキュリティを定着させることができるということを理解すべきである。

■情報セキュリティの意識向上、教育及び訓練

情報セキュリティの意識向上のための活動(教育・訓練など)は、年に1度行えばよいというものではなく、短期間で繰り返し意識向上のためのプログラムを実施することが望ましい。

人間には、「繰り返し伝えられることは重要なことである」という認識があり、短い期間で繰り返し伝えられたことは記憶に残るだけでなく、行動にも反映されるものである。

「A.7.2.2」の要求は、教育・訓練をする側ではなく、受ける側に対する要求であるが、組織がその教育・訓練を提供しなければ、従業員が単独で教育及び訓練を受けられる機会はないに等しい[6]ため、組織は従業員に対して、適切な教育・訓練の場を提供しなければならない。

(b) ISO/IEC 27001：2005/JIS Q 27001：2006 との比較

管理目的「A.7.2 雇用期間中」は、ISO/IEC 27001：2005 の「A.8.2」からの項番変更である。表現は変更されたが、基本的な要求内容は変化していない。

ISO/IEC 27001 ／ JIS Q 27001

A.7.3 雇用の終了又は変更
　目的：雇用の終了又は変更のプロセスの一部として、組織の利益を保護するため。

A.7.3.1 雇用の終了又は変更に関する責任
　管理策：雇用の終了又は変更の後もなお有効な情報セキュリティに関す

---

[6] 外部の教育機関で情報セキュリティを有償で学ぶことはできるが、組織の定めた方針や手順は教えてはもらえない。

> る責任及び義務を定め、その従業員又は契約相手に伝達し、かつ、遂行させなければならない。

(a) 解説
■雇用の終了又は変更に関する責任

雇用の終了では、雇用が終了する者が、雇用期間中に業務上で作成又は取り扱った資産を、個人の資産(成果物)と勘違いするケースがある。特殊な事例(発明や特許の権利関係について組織と個人が協定しているような場合など)を除き、従業員又は契約相手が組織を離脱する場合、その従業員又は契約相手が雇用期間中に作成した資産(成果物)の著作権や所有権などは組織に帰属する。

したがって、組織を離脱する従業員又は契約相手が、勝手に処分(破壊、消去など)したり、オリジナルやコピーを持ち出したりすることは許されない。また、雇用期間中に知り得た組織の秘密に関しても、組織のなかでの取扱いが「秘密」の間は、組織の外でその秘密を漏らしてはならない。

これらの責任を、組織は従業員又は契約相手に対し、的確に伝達し、順守させなければならない。

方法としては、雇用期間中(雇用の時点を含む)に退職後の責任を含んだ秘密保持契約書を取り交わすか、退職時の覚書や協定書へ退職者に署名を要求する方法などがある。

雇用の変更(人事異動)に関しては、雇用の終了ほどではないが、転出する前の職場又は変更される前の役職で知り得た秘密(部門外秘など)を、転出先で漏らさないように要求しなければならない。

(b) ISO/IEC 27001：2005/JIS Q 27001：2006 との比較

管理目的「A7.3 雇用終了又は変更」は、ISO/IEC 27001：2005 の「A.8.3」からの項番変更である。

「A7.3.1」については、ISO/IEC 27001：2005 では、「雇用の終了又は変更の実施に対する責任」であり、雇用の終了又は変更に対する処理を実施する責任であったが、ISO/IEC 27001：2013 では、「雇用の終了又は変更の後」に関する要求の対象は従業員又は契約相手への要求となった。

これは、ISO/IEC 27001：2005 の「A.8.3.2　資産の返却」は、「A.8.1.4」へ、「A.8.3.3　アクセス権の削除」は「A.9.2.6」へそれぞれ編入されたためと、雇用終了又は変更に伴う、資産の返却やアクセス権の削除などは、ほかの管理目的の配下に含めることが適切であるとされたためである。

(4)　A.8　資産の管理

基本的にすべての管理策は、組織の資産(情報及び、情報を利用するうえで不可欠な、情報処理施設とシステムや設備など)を保護するために選択されるのであり、資産管理では、資産を特定したうえでその資産の保護の責任を定めることが目的とされている。

ISO/IEC 27001 / JIS Q 27001

A.8.1　資産に対する責任
　目的：組織の資産を特定し、適切な保護の責任を定めるため。

A.8.1.1　資産目録
　管理策：情報及び情報処理施設に関連する資産を特定しなければならない。また、これらの資産の目録を、作成し、維持しなければならない。

A.8.1.2　資産の管理責任[7]
　管理策：目録の中で維持される資産は、管理されなければならない。

A.8.1.3　資産利用の許容範囲
　管理策：情報の利用の許容範囲、並びに情報及び情報処理施設と関連する資産の利用の許容範囲に関する規則は、明確にし、文書化し、実施しなければならない。

---

7)　箇条 6.1.2 及び箇条 6.1.3 では、情報セキュリティのリスクを運用管理することについて、責任及び権限をもつ人又は主体をリスク所有者としている。情報セキュリティにおいて、多くの場合、資産の管理責任を負う者は、リスク所有者でもある。

A.8.1.4 資産の返却
管理策：全ての従業員及び外部の利用者は、雇用、契約又は合意の終了時に自らが所持する組織の資産の全てを返却しなければならない。

(a) 解説
■資産目録と資産の管理責任
　ISO/IEC 27001：2013 の要求事項(箇条4 ～ 10)では、資産の識別について特に言及していないが、リスクを考えるうえで、「何を、何から守るのか」と考えた場合、リスクの対象として、資産を特定することは当然のことである。

　ISO/IEC 27001：2013 では、箇条6.1.2 で、

「c) 次によって情報セキュリティリスクを特定する。

　1) ISMS の適用範囲内における**情報**の機密性、完全性及び可用性の喪失に伴うリスクを特定するために、情報セキュリティリスクアセスメントのプロセスを適用する。」

と記述されているが、「**情報**の機密性、完全性及び可用性の喪失に伴うリスクを特定する」場合、情報とその情報を取り扱うために不可欠な情報処理施設とシステムや設備なども特定しなければならない。また、情報は、記録又は搬送する媒体なしでは単独で存在し得ないため、「情報媒体」も資産である。

　資産のリスクを管理し、適切な保護を与えるのは、リスク所有者とされているが、注記に書かれているように、多くの場合、資産の管理者がリスク所有者である。リスク所有者は、リスクを低減又はリスクの結果の影響を軽減するために、資産の利用者の範囲や、アクセス権、利用場所を定めたり、資産の管理状況を確認できる資産目録を整備したりしなければならない。

　資産目録を作成する場合、資産のオリジナルの管理だけでなく、複製(コピーやバックアップ)の管理も含めなければならない。その場合、資産の管理者とリスク所有者が異なる場合があることに注意が必要である。例えば、秘密情報の配布による配布先での資産管理などでは、リスク所有者は、一般的に配布されたコピーの管理者ではなく、コピーの配布元の管理者である。

■資産利用の許容範囲

　資産は、それを必要とする従業員又は契約相手(許可された者)が、必要とするときに利用できなければならないが、必要としない従業員又は契約相手(許可されていない者)には利用させてはならない。

　資産利用の許容範囲では、物理的な利用場所の範囲(サーバ室などの特定の区画や組織の施設内／施設外など)や、利用者の範囲(職務、職制、プロジェクトなど)及び、技術的な範囲(ネットワークの領域、外部接続など)について、明確な利用の範囲を決め、実行しなければならない。

■資産の返却

　「A.7.3.1」の雇用の終了又は変更に伴い、組織から離脱する従業員又は契約相手に貸与した組織の資産や、従業員又は契約相手が職務として作成又は利用していた資産をすべて返却させなくてはならない。

　その場合、何を貸与していたかが明確でなければ、すべての資産を返却させることができたかを検証することができない。従業員又は契約相手に利用を許可する資産(業務上作成する資産を含む)は、就業させる時点から雇用の終了又は変更を意識した管理を行う必要がある。

　ISMS認証取得組織でよく見られるのは、組織の資産の貸与リスト(アクセス権付与を含む場合が多い)を作成し、雇用の終了又は変更の場合には、返却リストとして提出させることである。

　また、組織の資産を許可なく組織外に持ち出してはならないという規則がありながら、自宅のPCからファイル共有ソフトのウイルス感染などにより組織の情報が漏えいするという不祥事が後を絶たない。

　禁止しているから問題なしではなく、禁止していてもなお違反を犯し、それを隠していないかを考慮すべきである。直接的な手段ではないが、「組織外への情報持ち出しと保有など、一切の違反行為をしていない」という誓約をとることで、仮に過去に違反状態があったとしても、誓約書によって、違反状態を解消するという行動(違反の抑止効果)が期待できる。また、違反状態があり、組織の情報が漏えいした場合に、損害賠償などの手続きもとりやすくなる。

(b) ISO/IEC 27001：2005/JIS Q 27001：2006 との比較

ISO/IEC 27001：2005 では、資産の管理責任者を決めることが要求事項であったが、ISO/IEC 27001：2013 では、資産目録に登録された資産を管理することが求められている。しかし「管理責任者」という用語が表記されないからといって、管理責任者が不要になったわけではない。「箇条 6.1.2」と「箇条 6.1.3」の「リスク所有者」は多くの場合、資産管理責任者でもあるので、資産を運用管理する責任者(≒リスク所有者)を定める必要がある。

また、「A.9.2.5」に、「資産の管理責任者」に対する要求事項がある。

ISO/IEC 27001 ／ JIS Q 27001

A.8.2　情報分類
　目的：組織に対する情報の重要性に応じて、情報の適切なレベルでの保護を確実にするため。

A.8.2.1　情報の分類
　管理策：情報は、法的要求事項、価値、重要性、及び認可されていない開示又は変更に対して取扱いに慎重を要する度合いの観点から、分類しなければならない。

A.8.2.2 情報のラベル付け
　管理策：情報のラベル付けに関する適切な一連の手順は、組織が採用した情報分類体系に従って策定し、実施しなければならない。

A.8.2.3　資産の取扱い
　管理策：資産の取扱いに関する手順は、組織が採用した情報分類体系に従って策定し、実施しなければならない。

(a)　解説

■情報の分類とラベル付け

情報を適切に取り扱うには、情報のもつ重要性[8]と取扱いに慎重を要する度

11.3 附属書A「管理目的と管理策」の解説

合いなどの観点から資産を分類しなければならない。

資産の分類は、管理策の選択と適用に影響を与えるため、「箇条6.1.2　情報セキュリティリスクアセスメント」の要求事項を実行する際に、対象(守るべき資産)となる資産を識別し、資産の評価によって分類することが必要となる場合がある。

分類した資産は、そのままでは、どのように分類されたかがわからないため、誤った取扱いが生じる恐れがある。正しい取扱いを確実にするためには識別のためのラベルを付与しなければならない。

ラベルは、1つの部署(又は部門やプロジェクトなど)のなかで保管管理される場合は、バインダーの背表紙で資産の重要度が第三者にわからないように識別すべきである[9]。

ただし、対象が業務用ソフトウェアで取り扱うデータベースのような電子情報の場合、アクセス権管理のなかにラベルの管理を組み込み、情報そのものにはラベルを付けない方法もある。

なお、ラベル管理の負荷を減らすため、組織が「秘密ではない」と定めたものについてはラベルを省略してもよい。

また、部署(又は部門やプロジェクトなど)を超えて配布・利用される資産(特に書類)には「秘」など、明確にその重要度がわかるラベル付けを行うべきである[10]。

ラベルには、重要度、資産管理者(リスク所有者)、廃棄期限、保管場所なども含めることができる。

■資産の取扱い

資産の取扱いでは、情報が分類され、そのラベルが付与されたら、ラベルの分類に従って、適切な取扱いがされなければならない。

---

[8] 情報の機密性、完全性、可用性が喪失した場合の組織への影響の大きさで判断する。
[9] 「秘」などと表示することで、重要なものであることが第三者にも容易にわかることでリスクが増大するためである。
[10] 部署又は部門によって重要度の分類が異なったり、他部門の資産の重要度を低く評価したりして、本来許可されない範囲の相手に公開されることを防ぐためである。

例えば、「社外秘」は組織の構内であれば、保管管理で施錠管理しなくてもよいが、「社外秘」を超える秘密情報は、施錠可能なキャビネットに収納し、施錠管理するなどが考えられる。

(b) ISO/IEC 27001：2005/JIS Q 27001：2006 との比較

管理策「A.8.2 情報分類」は ISO/IEC 27001：2005 の「A.7.2」からの項番変更である。ISO/IEC 27001：2013 の「A.8.2.3 資産の取扱い」は ISO/IEC 27001：2005 の「A.10.7.3 情報の取扱い手順」からの編入であるが、ISO/IEC 27001：2005 の「A.7.2.2 情報のラベル付け及び取扱い」で要求されていた情報の取扱い部分を分離し、「A.10.7.3」と統合したものである。

管理策としては、情報の取扱い手順が編入され3つになったが、管理目的の対象となる管理策全体としては変化していないと考えてよい。

ISO/IEC 27001 ／ JIS Q 27001

A.8.3 媒体の取扱い
　目的：媒体に保存された情報の認可されていない開示、変更、除去又は破壊を防止するため。

A.8.3.1 取外し可能な媒体の管理
　管理策：組織が採用した分類体系に従って、取外し可能な媒体の管理のための手順を実施しなければならない。

A.8.3.2 媒体の処分
　管理策：媒体が不要になった場合は、正式な手順を用いて、セキュリティを保って処分しなければならない。

A.8.3.3 物理的媒体の輸送
　管理策：情報を格納した媒体は、輸送の途中における、認可されていないアクセス、不正使用又は破損から保護しなければならない。

11.3 附属書A「管理目的と管理策」の解説

(a) 解説

■取外し可能な媒体の管理と処分

　取外し可能な媒体とは、電子記録媒体、映像フィルム、書類(紙)などが該当する。ただし、パソコンやサーバなどの内蔵ハードディスクのように、取り外すことは可能であるが、内蔵された状態で使用するものは「装置」として扱う。

　取外し可能な媒体は「容易に持ち運べる」という特長があり、電子記録媒体に関しては、データが格納又は記載されているが、媒体のみでは情報を取り出せない(パソコンなどの装置を必要とする)ものであると考えてよい。

　「容易に持ち運べる」という特長があるため、「無許可持ち出し」「無許可コピー」「無許可変更(改ざん)」「盗難」「紛失」といったリスクがあり、また、媒体の素材によっては、「劣化」「破損」「焼損」「溶融」「汚損」といったリスクがある。さらに、電子記録媒体などでは、読み取り装置の不具合や、製造中止又は生産縮小(例：β方式ビデオ、MO、FD)などのリスクも考慮しなければならない。

　組織が利用している媒体の特徴を考慮し、情報の機密性、完全性、可用性の喪失を防ぐ対策が必要である。

　媒体の処分は、その特徴によって決めなければならないが、電子記録媒体の場合は、読取装置による一般的な「消去」ではデータは容易に復元することができるため、完全消去(完全消去ソフト、消磁装置などの利用)又は物理的破壊などの処置をとらなければならない。完全消去の場合は、記録媒体の記録強度が増大する傾向にあるため、媒体の記録強度に合わせたソフトウェアや装置を選択する必要がある。

■物理的媒体の輸送

　物理的媒体の輸送では、故意又は過失による破壊や、盗難、紛失といったリスクから媒体を保護する必要がある。

　一般的に小さなものは紛失しやすいため、中身は小さくても包装は大きくする必要がある。また、重い荷物の下になったり、踏まれたりする可能性もあるため、物理的な保護も必要であるし、中身がわかると、第三者に重要性がわかってしまうため、不透明な入れ物に入れ、送り状には内容がわかる記述をしな

いなどの対策も必要である。

　紛失や盗難対策では、暗号化及びパスワードの設定や追跡サービスの利用などを考慮するとよい。特に重要なものは、セキュア便などのサービスも利用できる。

　外部のサービスに頼らず、自分自身で運ぶ場合は、不慣れな者がミスをしないよう、搬送中の注意事項を定め周知しなければならない[11]。

(b)　ISO/IEC 27001：2005/JIS Q 27001：2006 との比較

　管理策「A.8.3　媒体の取扱い」は ISO/IEC 27001：2005 の「A.10.7」からの項番変更と、ISO/IEC 27001：2005 の「A.10.8.3　配送中の物理的媒体」からの編入である。

　ISO/IEC 27001：2013 の「A.8.3.3」は、ISO/IEC 27001：2005 の「A.10.8.3」の「配送の途中」が「輸送の途中」に変更になっているが、要求対策の変更ではない。

　ISO/IEC 27001：2005 の「A.10.7.4　システム文書のセキュリティ」は、「システム文書も資産の1つである」ということで、削除された。

　全体として、表現の変更と、管理策の編入はあったが、ISO/IEC 27001：2005 の管理策からの基本的な内容に関する変更はない。

(5)　A.9　アクセス制御

　アクセス制御には、物理的アクセスと論理的アクセス（電子的アクセス）の2つのアクセス制御があり、資産の状況に合わせて適切な対策を決定し、実施しなければならない。物理的なアクセス制御については、「A.11　物理的及び環境的セキュリティ」でも要求しているが、ここでは、情報に対する論理的なアクセス制御と、情報処理施設に関する物理的なアクセス制御と考えてよい。

---

[11]　これまでも、組織の者が機密書類を搬送し、電車の網棚に置き忘れるなどといった初歩的な事件・事故も多数発生している。

11.3 附属書A「管理目的と管理策」の解説

> ISO/IEC 27001 / JIS Q 27001
>
> A.9.1 アクセス制御に対する業務上の要求事項
> 目的:情報及び情報処理施設へのアクセスを制限するため。
>
> A.9.1.1 アクセス制御方針
> 管理策:アクセス制御方針は、業務及び情報セキュリティの要求事項に基づいて確立し、文書化し、レビューしなければならない。
>
> A.9.1.2 ネットワーク及びネットワークサービスへのアクセス
> 管理策:利用することを特別に認可したネットワーク及びネットワークサービスへのアクセスだけを、利用者に提供しなければならない。

(a) **解説**

■アクセス制御方針

　アクセス制御は、アクセスを制御すべき対象によって制御方針を定めなければならないが、「制限する」ことだけが目的ではなく、「組織の業務を遂行するために、必要な者が、必要なときに、必要な情報にアクセスし、効率のよい業務遂行ができる」ことが求められる。過剰なアクセス制御によって業務が阻害されることは避けるべきである。

　したがって、「業務上必要な情報(又は情報システム)は何か」「誰がどのような情報又は情報処理施設にアクセスを許可されるべきなのか」「職務や職能によってアクセス可能な情報の分類を制限するのか」「その制御が行われなかった場合のリスクはどのようなものか」を勘案し、適切なアクセス制御方針を定めなければならない。また、この管理策は「A.8.2.3　資産の取扱い」と関連するため、お互いの管理策の整合化を図らなければならない。

■ネットワーク及びネットワークサービスへのアクセス

　ネットワークには組織内ネットワークと組織外ネットワークがあるが、組織内ネットワークでもネットワークを分割し、よりセキュアなネットワーク環境

を用意する場合もある。

　社内及び社外のネットワーク環境を定義し、それぞれのネットワークを利用できる者を制御しなければならない。

　特に、公衆ネットワーク網や無線LANを利用して組織の情報にアクセスを許可する場合は、認可手続きを定め、許可された者だけがそのサービスにアクセス可能としなければならない。

(b)　ISO/IEC 27001：2005/JIS Q 27001：2006 との比較

　管理策「A.9.1　アクセス制御に対する業務上の要求事項」はISO/IEC 27001：2005の「A.11.1」からの項番変更と、ISO/IEC 27001：2005の「A.11.4.1 ネットワークサービスの利用についての方針」からの編入である。ただし、ISO/IEC 27001：2005の「A.11.4.2」から「A.11.4.7」（A.11.4.5を除く）は、技術的個別事項を除くとして削除されているため、組織は、自分自身で必要な技術的個別対応を考えなければならない。

　ISO/IEC 27001：2005では「情報」に対するアクセスの制限であったが、ISO/IEC 27001：2013では、「情報及び**情報処理施設**へのアクセス制限」に変更された。これにより、情報処理施設への物理的なアクセス制御も含まれるということがより明確になったといえる。それ以外の変更は特にない。

ISO/IEC 27001 / JIS Q 27001

A.9.2　利用者アクセスの管理

　目的：システム及びサービスへの、認可された利用者のアクセスを確実にし、認可されていないアクセスを防止するため。

A.9.2.1　利用者登録及び登録削除

　管理策：アクセス権の割当てを可能にするために、利用者の登録及び登録削除についての正式なプロセスを実施しなければならない。

A.9.2.2　利用者アクセスの提供（provisioning）

　管理策：全ての種類の利用者について、全てのシステム及びサービスへ

のアクセス権を割り当てる又は無効化するために、利用者アクセスの提供についての正式なプロセスを実施しなければならない。

A.9.2.3　特権的アクセス権の管理
　管理策：特権的アクセス権の割当て及び利用は、制限し、管理しなければならない。

A.9.2.4　利用者の秘密認証情報の管理
　管理策：秘密認証情報の割当ては、正式な管理プロセスによって管理しなければならない。

A.9.2.5　利用者アクセス権のレビュー
　管理策：資産の管理責任者は、利用者のアクセス権を定められた間隔でレビューしなければならない。

A.9.2.6　アクセス権の削除又は修正
　管理策：全ての従業員及び外部の利用者の情報及び情報処理施設に対するアクセス権は、雇用、契約又は合意の終了時に削除しなければならず、また、変更に合わせて修正しなければならない。

(a)　解説
■利用者登録及び登録削除
　利用者の登録とは、アクセス権を与えるための「利用者ID登録」である。利用者IDにアクセス権を与えた場合、アクセス権を利用して誰が何をしたのかを明確にするために、利用者IDは利用者個々にユニークでなければならない(複数の利用者で同じIDを使用しない)。
　一般に、利用者IDは業務の遂行に必要となるため、登録は確実に行われるが、雇用の修了や、職務の変更などで利用者IDが無効となる場合にも、確実にその処理が行われるように登録・削除の手続きを確立しなければならない[12]。
　利用者IDの削除は、利用者がID利用権限を喪失した時点(例：退職日)で

行うべきであるが、何らかの理由で削除すべき ID を保持する場合は、不正な利用が起きないよう ID の利用状況を監視すべきである。

例外的に、共有 ID が許されるのは、コールセンターのように、まったく同じ業務をチームで行う仕組みがあり、個々の利用者が、その ID を使ってほかの業務を行うことがなく、対応履歴が残るため、個々の利用者の利用履歴を保持する必要がない場合などである。

■利用者アクセスの提供（provisioning）

ID を付与した利用者に、実際に利用するシステムやサービスに対するアクセス権を割り当てる場合、「A.8.1.3　資産利用の許容範囲」「A.9.1.1　アクセス制御方針」「A.9.1.2　ネットワーク及びネットワークサービスへのアクセス」で定めた内容に準拠し、「誰にどのようなアクセス権を割り当てるのか」「すでに割り当てたアクセス権は引き続き有効なのか」を管理できるプロセスを構築しなければならない。

また、利用者 ID の喪失や、職務の変更などによって、アクセス権の許可が無効になった場合、遅滞なくそのアクセス権を削除するプロセスを組み込まなければならない。

■特権的アクセス権の管理

サーバ管理者やネットワーク管理者、若しくはシステム管理者など、特権的アクセス権[13]を使用することを必要とする実務管理者には、特権の利用状況を確認できるようにするために、「A.9.2.1」で与える利用者 ID とは別に、実務管理者 ID を割り当てるべきである。

また、そのような強力な権限をもつ実務管理者は、必要最小限の人数に制限し、利用可能な機能も業務の必要性に応じて制限しなければならない。その場合、利用可能な機能の割当てでは、「A.6.1.2　職務の分離」を考慮し、止むを

---

12)　削除していない無効の利用者 ID を使われた場合には、発見することが難しいため、不正アクセスに利用されるケースが多い。

13)　システム又はアプリケーションによる制御を無効にできる機能やツールを使用することのできる権限のことである。

得ず相反する業務機能を割り当てる場合には、不正行為が行われないように、相互牽制やログ監視などの対策を考慮すべきである。

■利用者の秘密認証情報の管理

利用者 ID(特権 ID 含む)に割り当てられたアクセス権について、アクセス権を行使しようとする者が、正しい本人であることを確認しなければならない。

本人確認には、パスワード認証、生体認証(指紋、声紋、虹彩、静脈など)、暗証番号、ハードウェアトークン(例えば、スマートカード)などがある。本人認証の重要度(アクセスできる情報の重要度)に応じて単独又は組合せを行うことによって、正当な本人であることを確認できるようにしなければならない。

本人認証のための秘密認証情報は、なりすましなどで悪用されないよう、厳重に管理されなければならず、基本的には利用者本人のみが、自身の秘密認証情報を管理できるようにすべきである。その場合、システム管理者であっても個人の秘密認証情報にアクセスできないような管理プロセスにすべきである。

■利用者アクセス権のレビュー

利用者アクセス権は、日常の登録・削除のプロセスで管理されているが、申請漏れや、処理ミス・漏れなどで、権利を失ったアクセス権が残る場合があり、それが故意又は過失で利用される恐れがある。

利用者アクセス権は、最新のアクセス権付与の承認状況と、実際のアクセス権付与の状況が一致しているかを定期的にレビューし、不備があれば修正しなければならない。

■利用者アクセス権の削除又は修正

雇用の終了(退職又は契約終了など)や変更(人事異動や定年による雇用形態の変更など)にあたっては、関連するすべてのアクセス権限の削除又は変更を行わなくてはならない。

プロジェクトなどで、業務の都合上、共有 ID を使用していた場合などは、退職者の発生に合わせて、共有 ID とパスワードを変更するなどの処置をとるべきである。

また、グループ ID などで、グループ単位にアクセス権を設定しているような場合、すべてのグループから、退職者の ID を削除しなければならない。

その場合、発生の都度、登録状況を調査するのではなく、日常の管理プロセスのなかで、誰がどのグループ ID に登録されているのか、個別に登録されているアクセス権はどうなっているかを管理する必要がある。

(b) ISO/IEC 27001：2005/JIS Q 27001：2006 との比較

ISO/IEC 27001：2013 の「A.9.2 利用者アクセスの管理」は ISO/IEC 27001：2005 の「A.11.2」からの項番変更と、ISO/IEC 27001：2005 の「A.11.5.2 利用者の識別及び認証」「A.8.3.3 アクセス権の削除」からの編入である。ISO/IEC 27001：2013 の「A.9.2.2 利用者アクセスの提供」は、これまでは、アクセス権のレビューと削除の要求はあったが、アクセス権の付与については明確な要求がなかったため、アクセス権付与のプロセスが確立されていない場合は対応が必要である。

ISO/IEC 27001：2013 の「A.9.2.4」では、従来の「パスワード」が「秘密認証情報」となり、本人認証を行うさまざまな手段を包含した要求となった。

全体としては、ISO/IEC 27001：2005 では、バラバラの管理目的に分散していたアクセス権に関する管理策をまとめたものである。このため、管理策の内容も「アクセス権」という明確な要求事項に改正されたが、基本的な要求事項としては小幅な修正である。

ISO/IEC 27001 / JIS Q 27001

A.9.3 利用者の責任
　目的：利用者に対して、自らの秘密認証情報を保護する責任をもたせるため。

A.9.3.1 秘密認証情報の利用
　管理策：秘密認証情報の利用時に、組織の慣行に従うことを、利用者に要求しなければならない。

11.3 附属書A「管理目的と管理策」の解説

(a) 解説

■秘密認証情報の利用

　利用者ID(特権ID含む)の所有者は、パスワードの管理(長さ、複雑さ、推測され難さ、定期的変更、第三者からの秘匿、パスワード忘れ対策など)について、組織が安全と定めた管理基準やルールに従って管理しなければならない。

　また、パスワード以外の秘密認証情報についても、パスワード同様に、第三者に悪用されないよう、組織が定めた管理基準やルールに従って管理しなければならない。

　秘密認証情報の管理では、秘密認証情報が盗難に遭うリスクを低減させるため、プライベートで使用する秘密認証情報と組織で使用する秘密認証情報は異なるものにさせるべきである。

(b) ISO/IEC 27001：2005／JIS Q 27001：2006との比較

　ISO/IEC 27001：2013の「A.9.3　利用者の責任」は、ISO/IEC 27001：2005の「A.11.3」からの項番変更であるが、ISO/IEC 27001：2005の「A.11.3.2　無人状態にある利用者装置」と「A.11.3.3　クリアデスク・クリアスクリーン方針」は、「A.11.2　装置」の管理目的に編入された。

　ISO/IEC 27001：2005の「正しいセキュリティ慣行」は、誰がそれを正しいと判定するのかが明確ではなかったが、ISO/IEC 27001：2013では「組織の慣行」としたことで、組織が適切であるとしている安全な慣行(practices)に従うことになる。

　ただし、何が組織の慣行であるかを明確にしなければ、それに従うことはできないため、基本的には、組織が適切と考える秘密認証情報の利用の基準や手順を決めることになる。

ISO/IEC 27001／JIS Q 27001

A.9.4　システム及びアプリケーションのアクセス制御
　目的：システム及びアプリケーションへの、認可されていないアクセスを防止するため。

第11章　附属書A　管理目的及び管理策

> A.9.4.1　情報へのアクセス制限
> 　管理策：情報及びアプリケーションシステム機能へのアクセスは、アクセス制御方針に従って、制限しなければならない。
>
> A.9.4.2　セキュリティに配慮したログオン手順
> 　管理策：アクセス制御方針で求められている場合には、システム及びアプリケーションへのアクセスは、セキュリティに配慮したログオン手順によって制御しなければならない。
>
> A.9.4.3　パスワード管理システム
> 　管理策：パスワード管理システムは、対話式でなければならず、また、良質なパスワードを確実とするものでなければならない。
>
> A.9.4.4　特権的なユーティリティプログラムの使用
> 　管理策：システム及びアプリケーションによる制御を無効にすることのできるユーティリティプログラムの使用は、制限し、厳しく管理しなければならない。
>
> A.9.4.5　プログラムソースコードへのアクセス制御
> 　管理策：プログラムソースコードへのアクセスは、制限しなければならない。

（a）　解説
■情報へのアクセス制限
　システム及びアプリケーションが管理する情報へのアクセスは、「A.8.1.3 資産利用の許容範囲」「A.9.1.1　アクセス制御方針」に基づき策定された、それぞれのアクセス制御方針に従って制限されなければならない。
　アクセス制限の方法としては、「ユーザーメニュー」によって、特定の機能のみにアクセスを許可することや、利用者の権限を、「参照（読み出し）、印刷、編集（書き込み）、実行、作成、削除など」を業務上の必要性に応じて分割し、

必要な権限のみを与える方法がある。

■セキュリティに配慮したログオン手順とパスワード管理システム
　システム及びアプリケーションへのログオンは、適切な本人認証を行うことが求められるが、その際、不正ログオンをほう助するような仕組みであってはならない。
　ログオンに関するセキュリティでは、ID又はパスワードのいずれかが誤って入力された場合、「どちらが違っているかを知らせない」「入力されたパスワードを表示しない」「ログオン失敗の回数を制限し、総当たり攻撃などを許さない」「ログオンが完了しない限り次の情報を表示しない」など、ログオンに関するリスクを低減する処置を講じなければならない。
　ただし、WindowsやUNIXなどの汎用OSや、市販ソフトウェアなどで、すでに安全なログオン手順が用意されているものは、用意されている機能で安全なログオン手順を設計・利用すればよい。
　また、ログオン時に入力するパスワードは、「A.9.3.1　秘密認証情報の利用」に従って良質なものであることを確実にしなければならないが、利用者本人に任せているだけでは必ずしも充分に管理できない場合がある。
　パスワード管理システムでは、「A.9.3.1　秘密認証情報の利用」で求めているパスワードの管理をシステム化することにより、強制的に良質なパスワードの管理を実現させることが望ましい（システム的に可能な場合）。

■特権的なユーティリティプログラムの使用
　「A.9.2.3　特権的アクセス権の管理」で特権的アクセス権保有者によって利用される、特権的なユーティリティプログラム（システム又はアプリケーションによる制御を無効にできる機能をもつツール）は、目的外で利用されることにより、情報の破壊や改ざん、無許可複製など、事件・事故の発生要因となることが考えられる。
　このような強力なツールは、特権的アクセス権の管理と合わせて、使用を厳しく制限しなければならない。具体的には、不必要な特権的ユーティリティプログラムの削除、無効化、利用の許認可、利用の監視（イベントログ管理を

含む)などがある。

■プログラムソースコードへのアクセス制御

　プログラムソースコードは、破壊や改ざん、情報漏えいを引き起こす不正な機能の挿入や変更から保護されなければならない。

　コンパイル[14]型のソースコードでは、コンパイル後の実行プログラムは簡単に変更することができないが、しかし、コンパイル後の実行プログラムに異常が生じた場合、同じバージョンのソースコードであれば、再度試験することなく再コンパイルして実行プログラムを生成する。したがって、コンパイル前のソースコードをバージョンを変更することなく改ざんすることで、テストで発見されることなく、不正なコードを実行させることができるようになる。

　この対策のため、設計された機能のみが組み込まれたことを確認(テスト)したソースコードは、開発者から運用者に管理を移管させるべきである。また、ソースコードの内容が適切であることを確認するには、できるだけ小さな単位(単一の機能の処理)のプログラムをテストし、合格したソースコードは、専用の保管場所でバージョン管理を行い、どのような変更でも、変更が行われた場合は、バージョンが変化するような仕組みとしなければならない。市販のソースコードライブラリなどの利用も検討するとよい。

　インタプリタ[15]型のソースコードは、運用プログラムとソースコードが同じものであるから、ソースコードの改ざんを防ぐため、運用環境に開発環境(デバック環境)をおくことは避けなければならない。また、運用環境とは別に保管管理されるソースコードの管理は、コンパイラ型のソースコードと同様である。

---

[14]　コンパイル(compile)とは、人間がプログラミング言語を用いて作成したソースコード(コンピュータが行うべき命令列)を、コンピュータ上で実行可能な形式「実行ファイル(excutable file)」に変換することで、高速処理を必要とするシステムに向いている。

[15]　インタプリタ(interpreter)とは、人間がプログラミング言語で書いたソースコードにある命令列を逐次解釈しながら実行するプログラムのことで、ソースコードをあらかじめ実行可能な形式に変換する必要がないが、逐次変換しながら命令を実行するため、高速処理には向いていない。

(b) ISO/IEC 27001：2005/JIS Q 27001：2006 との比較

ISO/IEC 27001：2005 の管理策「A.11.5 オペレーティングシステムのアクセス制御」と「A.11.6 業務用ソフトウェア及び情報のアクセス制御」を組み合わせて項番を変更したものに「A.12.4.3 プログラムソースコードへのアクセス制御」を編入したものである。

ただし、「A.11.6.2 取扱いに慎重を要するシステムの隔離」「A.11.5.2 利用者の識別及び認証」「A.11.5.5 セッションのタイムアウト」「A.11.5.6 接続時間の制限」「A.15.3.2 情報システムの監査ツールの保護」の５つの管理策は、削除された形となっており、直接的に ISO/IEC 27001：2013 の「A.9.4」に編入されたわけではないが、削除された管理策の内容が、ISO/IEC 27002：2013 の「A.9.4」に属する管理策の実施の手引きに含まれているため、暗に包含されていると考えてよい[16]。

それ以外では、「業務用ソフトウェア」が「アプリケーション」に変更されたり、ログオン手順では、「オペレーティングシステム」が「システム及びアプリケーション」に変更されたりしている。

追加、変更部分について、これまで実施していない部分があれば対応が必要となるが、削除された管理策の内容が、ISO/IEC 27002：2013 では不要になったということではない。管理策の実施面では、ISO/IEC 27002：2013 の実施の手引きを参照することは従来どおりであり、ほかの管理策に包含された実施面の内容を組織が必要とするのであれば、引き続きその対策を実施しなければならない。

(6) A.10 暗号

コンピュータ性能の向上と、ネットワークを利用した複数のコンピュータの利用技術により、数年前なら大型コンピュータを使っても数年、数十年を要するレベルの暗号でも、最近では、複数のパソコンをネットワークで結合し日単位、月単位で解読可能という結果が出てきている。情報の重要性に応じた強固

---

16) 情報システムの監査ツールは「システム及びアプリケーションによる制御を無効にすることのできるユーティリティプログラム」に該当する。

な暗号化技術を選択する必要がある。

> **ISO/IEC 27001 ／ JIS Q 27001**
>
> A.10.1　暗号による管理策
> 　目的：情報の機密性、真正性及び／又は完全性を保護するために、暗号の適切かつ有効な利用を確実にするため。
>
> A.10.1.1　暗号による管理策の利用方針
> 　管理策：情報を保護するための暗号による管理策の利用に関する方針は、策定し、実施しなければならない。
>
> A.10.1.2　鍵管理
> 　管理策：暗号鍵の利用、保護、有効期間(lifetime)に関する方針を策定し、そのライフサイクル全体にわたって実施しなければならない。

(a) 解説

■暗号による管理策の利用方針と鍵管理

　盗聴や盗難、紛失などで、情報が第三者の手に渡っても暗号化されていれば情報が漏えいすることだけは防止することができる。情報の通信や、移送、搬送、輸送などで、盗聴や盗難、紛失のリスクがある場合は、暗号化の管理策を採用し実施すべきである。また、暗号化技術を使い、改ざんを検知したり、情報の利用者又は作成者が本人であることを第三者が証明(電子署名)したりすることもできる。

　暗号化を採用する場合、情報の重要度に応じた暗号の強度を考慮すべきであるが、暗号の強度は、暗号解読技術とIT技術の発展(特にコンピュータの処理能力向上)により変化するため、いったん導入した暗号化ソフトなども定期的に見直す必要がある。

　暗号化の方式には、共通鍵方式と公開鍵方式の2つがあり、暗号鍵の管理の仕方も異なっている。また、暗号化ソフトによる暗号化では、自動的に復号するために暗号化ファイルのなかに鍵をもたせ、復号の機能(実行ファイル)を起

動するためのパスワードを設定する方式が主流である。
　このような場合は、「暗号鍵の管理＝パスワードの管理」となっている。

(b)　ISO/IEC 27001：2005/JIS Q 27001：2006 との比較

　ISO/IEC 27001：2013 の「A.10.1　暗号による管理策」は、ISO/IEC 27001：2005 の「A.12.3」からの項番変更である。ドメインとしては、ISO/IEC 27001：2006 の「A.12　情報システムの取得、開発及び保守」からの独立である。

　管理策としては、ISO/IEC 27001：2005 では暗号鍵の保管及び利用の管理の面が強かったが、今後は、暗号鍵のライフサイクル[17]全体にわたる管理が要求されるようになった。

(7)　A.11　物理的及び環境的セキュリティ

　物理的及び環境的セキュリティでは、組織の所在地とその所在地に存在する建物や施設、及び、建物や施設のなかの部屋や区画を領域として捉え、各領域のなかで又は取り扱われている情報及び情報処理設備の安全性を図らなくてはならない。

　多くの場合、敷地、建物、部屋、区画という順番にセキュリティレベルが高くなるように設計し、重要な情報は最も安全な場所（つまり、最も内側に位置する領域）に置くように、多段防御という考え方が採用されている。

ISO/IEC 27001 / JIS Q 27001

A.11.1　セキュリティを保つべき領域
　目的：組織の情報及び情報処理施設に対する認可されていない物理的アクセス、損傷及び妨害を防止するため。

A.11.1.1　物理的セキュリティ境界

---

[17] 暗号鍵の生成、入手、保管、保存、読出し、配布、使用停止及び破壊といった一連の活動のこと。

管理策:取扱いに慎重を要する又は重要な情報及び情報処理施設のある領域を保護するために、物理的セキュリティ境界を定め、かつ、用いなければならない。

A.11.1.2　物理的入退管理策
　管理策:セキュリティを保つべき領域は、認可された者だけにアクセスを許すことを確実にするために、適切な入退管理策によって保護しなければならない。

A.11.1.3　オフィス、部屋及び施設のセキュリティ
　管理策:オフィス、部屋及び施設に対する物理的セキュリティを設計し、適用しなければならない。

A.11.1.4　外部及び環境の脅威からの保護
　管理策:自然災害、悪意のある攻撃又は事故に対する物理的な保護を設計し、適用しなければならない。

A.11.1.5　セキュリティを保つべき領域での作業
　管理策:セキュリティを保つべき領域での作業に関する手順を設計し、適用しなければならない。

A.11.1.6　受渡場所
　管理策:荷物の受渡場所などの立寄り場所、及び認可されていない者が施設に立ち入ることもあるその他の場所は、管理しなければならない。また、可能な場合には、認可されていないアクセスを避けるために、それらの場所を情報処理施設から離さなければならない。

(a)　解説
■物理的セキュリティ境界と入退室管理
　物理的セキュリティでは、セキュリティを必要とするレベルによって領域を

設定しなければならない。例えば、以下のようなものである。
① レベル0：公共スペース（入退出の管理のない領域）
② レベル1：応対スペース（受付を行い組織の者と応対することを認める領域）
③ レベル2：執務スペース及び書庫（組織の者が通常業務を執行する領域又は、執務関連の書類や記憶媒体などの収納領域）
④ レベル3：専門スペース（先端技術開発プロジェクトや高度な秘密情報を扱う法務部門、経営企画部門などの領域）
⑤ レベル4：セキュアスペース（コンピュータ室・サーバ室、機密書庫などの領域）

セキュリティレベルの異なる領域の接点（境界）では、入退出などの管理が必要となるため、塀、フェンス、壁、窓、ドア、間仕切り、その他による物理的な保護を適用しなければならない。仮に、壁などで領域を分離できない場合は、その領域の接点を保護するために、従業員による監視体制又は専門監視員の設置、立入り禁止の表示、監視カメラの設置などによる代替手段を検討すべきである。

セキュリティ境界の入退管理は、レベルの低い領域から、レベルの高い領域に入る場合に、その領域の資産にアクセスを許可された者だけが入場を許可されなければならない。止むを得ず、許可されていない者が一時的に入場する場合は、単独での行動を許さず、許可された者が同行（エスコート、アテンド）するなどの対応が必要である。

組織の保護すべき資産が保管又は利用されている区画に入る場合は、入場者の識別を行い、許可されたものかどうかを判断したうえで入場させる仕組みを構築しなければならない（例：スマートカード認証、生体認証、面会票・訪問票、その他、入場者の本人確認）。

また、入場制御では、特に厳重な入場制限を必要とする領域について、2要素認証（例：スマートカードと生体認証、又は、スマートカードとパスワードなど）や、伴連れを許さないフラッパーゲートやローターゲート、1人ずつしか入れない1人用前室（サークル、ロック、ドア）の設置なども検討するとよい。ただし、監視員のいないフラッパーゲートは簡単に飛び越えることができ

る場合があるので注意が必要である。

■オフィス、部屋及び施設のセキュリティ

この管理策では、オフィス、部屋、施設などが、不正侵入の標的になったり、間違って関係のない第三者が侵入したりすることのないように設計しなければならない。

具体的には、「重要な施設の所在は、必要な者だけが知っていればよいので、案内版や、施設の役割や機能の名称などを表示しないようにする」「建物内の案内には重要な資産を取り扱う部屋や区画の名称を表示しない」「外来者には、受付用の代表電話のみ提示し、従業者の名前や、内線番号、座席配置図などは、掲示しない」などがある。

また、コンピュータ室・サーバ室などは、外部から見えない場所で、入り口からできるだけ遠い場所に設置することが望ましい。

■外部及び環境の脅威からの保護

情報及び情報処理設備を保護するために、火災、洪水（津波を含む）、地震、爆発、暴力行為（暴動、テロなど）、自然災害や人的災害から保護するように、事前の対策及び発生してからの対応などを定め、実施しなければならない。

特に、地震や洪水などは、立地条件によってリスクの高い拠点かどうかが判定できるため、あらかじめ必要な対策を実施することができる。

火災や、その他の脅威からの保護についても、事前に予防可能な対応については、その発生可能性に合わせて計画し、実施すべきである。

■セキュリティを保つべき領域での作業

コンピュータ室・サーバ室や先端技術開発室、個人情報の大量取扱い室など、組織がセキュリティを保つべきと定めた領域では、領域内における従業員の行動管理や、私的持ち物（カメラ付き携帯端末やその他の記録装置）の制限などを管理する手順を定め、実施しなければならない。

11.3 附属書A「管理目的と管理策」の解説

■受渡場所

　宅配便や郵便などの受渡場所や、来訪者の受付場所など、組織のセキュリティ領域への入場を許されていない人々が立ち寄る場所はあらかじめ定めた場所としなければならない。

　そのような場所には、組織の資産を恒常的に保管したり、一時的にせよ放置したりしないようにしなければならない。また、受渡場所から、情報処理施設などのセキュリティ領域は離すように設計し、セキュリティ領域へ勝手に入れるようにしてはいけない。

　また、「受渡場所の管理」では、入荷物などの発送人と受取人が明確であるかを確認したり、輸送中に開封されていないかを確認したりすることで、不審な荷物(危険物など)がセキュリティ領域内に持ち込まれないようにすることも必要である。

　それ以外でも、組織の業務の特性に応じて、入荷物の安全確認などを行うとよい。

(b)　ISO/IEC 27001：2005/JIS Q 27001：2006 との比較

　管理目的「A.11.1　セキュリティを保つべき領域」は、ISO/IEC 27001：2005 の「A.9.1」からの項番変更である。

　ISO/IEC 27001：2005 のセキュリティを保つべき領域での作業の「物理的な保護及び指針」は、「物理的な保護」そのものも要求していると解釈できたが、「手順」と変更されたことによって、明確に「作業に関する手順」の要求となった。

　それ以外の管理策の内容は、一部表現が変更されているが、要求内容に大きな変更はない。

ISO/IEC 27001 / JIS Q 27001

A.11.2　装置
　目的：資産の損失、損傷、盗難又は劣化、及び組織の業務に対する妨害を防止するため。

A.11.2.1 装置の設置及び保護
　管理策:装置は、環境上の脅威及び災害からのリスク並びに認可されていないアクセスの機会を低減するように設置し、保護しなければならない。

A.11.2.2 サポートユーティリティ
　管理策:装置は、サポートユーティリティの不具合による、停電、その他の故障から保護しなければならない。

A.11.2.3 ケーブル配線のセキュリティ
　管理策:データを伝送する又は情報サービスをサポートする通信ケーブル及び電源ケーブルの配線は、傍受、妨害又は損傷から保護しなければならない。

A.11.2.4 装置の保守
　管理策:装置は、可用性及び完全性を継続的に維持することを確実にするために、正しく保守しなければならない。

A.11.2.5 資産の移動
　管理策:装置、情報又はソフトウェアは、事前の認可なしでは、構外に持ち出してはならない。

A.11.2.6 構外にある装置及び資産のセキュリティ
　管理策:構外にある資産に対しては、構外での作業に伴った、構内での作業とは異なるリスクを考慮に入れて、セキュリティを適用しなければならない。

A.11.2.7 装置のセキュリティを保った処分又は再利用
　管理策:記憶媒体を内蔵した全ての装置は、処分又は再利用する前に、全ての取扱いに慎重を要するデータ及びライセンス供与されたソフト

ウェアを消去していること、又はセキュリティを保って上書きしていることを確実にするために、検証しなければならない。

A.11.2.8　無人状態にある利用者装置
　管理策：利用者は、無人状態にある装置が適切な保護対策を備えていることを確実にしなければならない。

A.11.2.9　クリアデスク・クリアスクリーン方針
　管理策：書類及び取外し可能な記憶媒体に対するクリアデスク方針、並びに情報処理設備に対するクリアスクリーン方針を適用しなければならない。

(a)　解説
■装置の設置及び保護

　サーバや通信装置など、重要な装置は、熱、塵芥、震動、湿度、化学物質、汚染物、高圧電源、その他装置に影響を与える環境や、不正なアクセスから保護しなければならない。特に、日本では地震が多く、大きな震動で装置が落下したり転倒したりしないよう対処すべきである。

　また、工場などでの温度、湿度、震動、塵芥などをコントロールすることが難しい環境では、環境が装置に与える影響を最小限となるようにしなければならない。

　特別なアクセス管理や、運用管理を必要とする重要な装置は、そうでない装置と分離することで安全で効率的な管理を行うことができる。

■サポートユーティリティ

　装置(サーバ、通信機器など)を安定的に作動させるには、電源設備(UPS含む)、空調設備、給水設備、換気設備など、さまざまなサポートユーティリティが必要である。組織が保有する情報処理装置について、必要となるサポートユーティリティを特定し、その不具合や停止による影響から保護しなければならない。特に重要なユーティリティであれば二重化などの冗長化を図ったり、

予備のユーティリティを準備したりすることも必要である。

それ以外では、定期的な保守点検などにより、サポートユーティリティが突然停止したり、不具合を起こしたりすることのないようにすべきである。

■ケーブル配線のセキュリティ

電源ケーブルや通信ケーブルは、切断や電源ケーブルからの電磁波の干渉で通信が影響されるなどのトラブルが起きないようにすると同時に、通信ケーブルからの盗聴などが行われないようにしなければならない。

たとえば、無人のエリア(通路など)にむき出しのケーブルが配線されていたり、配電盤などが誰でもアクセスできる場所に設置され、配電盤の扉に施錠されていないなどの場合や、執務室などの部屋の床に保護されていない配線がされていて、不用意に歩くと足に引っかかる場合があるなどの状況は、対処すべきリスクがあると認識し、故意又は過失によって、ケーブル配線に障害が発生したり、通信が傍受されたりすることを防止すべきである。

■装置の保守

装置は、故障や不具合などの発生が起きないよう保守をすることで安定的に使用できるようにしなければならない。

保守計画を策定するにあたっては、装置の種類や、重要度(利用できなくなった場合や誤動作などによる組織への影響度)によって、保守の頻度や方法を決めなければならない。

装置の保守では、供給者(メーカーや販売会社など)との契約による定期保守やスポット保守を行う場合と、自組織のなかで保守要員を育成し、組織内での保守点検を実施する場合がある(組み合わせる場合もある)。

外部委託の場合、委託先の保守要員に対するリスク(力量の問題や、操作ミス、不正行為など)があり、組織内保守の場合も保守要員に関する同様のリスクがある。また、委託先の場合は、契約におけるサービスレベルの問題も考慮しなければならない。したがって、保守にかかわるリスクを低減するための対策[18]を実施しなければならない。

11.3 附属書A「管理目的と管理策」の解説

■資産の移動

　記憶装置を内蔵した装置(パソコンやサーバなど)や、情報を記録した媒体(書類を含む)を構外(組織のISMS適用範囲の外)に持ち出す場合は、資産のリスク所有者(又はリスク所有者からその責任を委譲されている者)が承認しなければならない。

　ただし、承認が必要なのは、入れ物(装置又は媒体)ではなく、なかに入っている情報(ソフトウェア、データ、映像、音声など)及び通信機能である。したがって、入れ物(装置又は媒体)の持ち出しだけを許可するのではなく、格納されている情報と通信機能を確認し許可しなければならない。

　シンクライアントPCなど、装置のなかには情報が格納されていない場合でも、通信機能により組織の情報にアクセスが可能な場合は、装置の持ち出し許可を行うべきである。

　業務の実態によって遂行上、装置を日常的に持ち出す場合(営業用端末、保守用端末など)で、装置に格納されている情報があらかじめ決められた範囲のものであるときには、その業務に従事している間、持ち出しを許可するなどの対応も考えられる。ただし、その場合でも、持ち出しを許可した装置が紛失や盗難に遭っていないことを確認するためのプロセス(定期的棚卸や持出し・返却記録簿など)を設計し、実施すべきである。

■構外にある装置及び資産のセキュリティ

　組織が所有する装置や資産を、構外(組織のISMS適用範囲の外)で使用する場合、組織の構内とは異なる環境であることによるリスクを識別し、そのリスクに対応した対策や注意事項を適用しなければならない。

　特に、公共の場所(飲食店、列車やバスなどの移動手段のなか、公園などの屋外など)で装置を使用する場合は、覗き見や盗難、紛失といったリスクが高くなるため、特別なルールが必要である。また、在宅勤務なども特別な管理を求められる場所である。

---

18) 例えば、委託先とのセキュリティ条項の締結と監視・レビューや、組織の保守要員の力量の判定や教育、実施した作業のレビューなどがある。

モバイル端末などの取扱いでは、ヒューマンエラー[19]による事件・事故が多数発生しているため、単にルールを強化するだけでなく、紛失や盗難に遭った場合でも情報を保護するため、暗号化やハードディスクパスワードの設定などの対策を行うべきである。

また、構外で使用する媒体に関しても、構内とは異なるリスクが存在するため、装置のセキュリティと合わせて、必要な対策を講じるべきである。

■装置のセキュリティを保った処分又は再利用

記憶媒体(ハードディスク、フラッシュメモリなど)を内蔵した装置(パソコン、サーバ、コピー機、FAXなど)を処分する場合は記録されたデータを不正利用されないように、確実に消去又は破壊したことを検証しなければならない。

内臓記録媒体のデータは、OSやアプリケーションの機能を使った消去を行うと、データそのものの消去ではなく、ファイルシステムのデータ格納情報の消去となるため、記録した情報そのものは残っている。

また、磁気記録媒体の場合、単純に"0"で数回から10回程度上書きしても残存磁気を読み取ることが可能なため、物理的に破壊するか、完全消去ソフトを使って、残存磁気が読み取れない方式(例：米国防総省(DoD5220.2-M)準拠方式など)で消去する。又は、強力な電磁界を発生させるイレーサー(消磁装置)で消去するなどの対策が必要である。ただし、イレーサーを採用する場合は、対象とする媒体の磁気密度に対応したものでなければ充分な消去が行われないので注意が必要である。

フラッシュメモリや、光磁気ディスクなども物理的な破壊をしない場合は、専用のソフトで完全消去が必要である。光磁気ディスクの物理破壊では、繋ぎ合わせで復元するなどのデータ復活ができないように、できるだけ細かく裁断すべきである(反射面の破壊では2層式以上の記録方式では残存記録が読み取れる可能性がある)。

廃棄又は再利用による情報漏えいのリスクを低減するには、普段からディス

---

[19] 例えば、網棚などへの放置、飲食店での置き忘れ、酩酊状態での紛失・盗難、公共の場所での不注意による置き引き被害などがある。

ク又はファイル暗号化などの処置を講じておくことも有効である。

　装置の故障で処分する際にデータ消去ができない場合でも、さまざまな方法で内蔵記憶装置からデータを読み出すことが可能な場合が多い。故障などで完全消去できない装置を処分する場合は、物理的な破壊を実施すべきである。

　OSやアプリケーションなどは、組織の秘密情報ではないが、知的財産としてライセンスの管理違反が生じないようにしなければならない。装置の再利用を目的とした売却などの際に、OSやアプリケーションなどのライセンスも合わせて売却するのであれば問題ないが、装置のみを売却し、ソフトウェアは組織がほかの装置で使用する場合は、売却する装置のソフトウェアは完全に消去する必要がある。

　また、リースやレンタルの装置の返却に関しても、再利用という位置付けで考える必要がある。

■無人状態にある利用者装置

　利用者が離席したパソコンや、共同管理の装置など、無人状態にある装置が不正に利用されたり、誤った操作が行われたりしないように、無人状態で運転されている装置の保護を行わなければならない。

　対策には、離席又は無人運転を行う時点で、パスワード付きスクリーンセーバやOSのキーロックなどで画面をロックしたり、無人状態では稼動させないアプリケーションをログオフしたりするなどの対策が考えられる。

　パスワード付きスクリーンセーバのタイマー起動では、あまり長い時間を設定するとロックされる前に不正アクセスされるリスクが高まるので、組織で安全と考える時間を設定すべきである。

■クリアデスク・クリアスクリーン方針

　クリアデスクは、「机の上に何も置かない」という意味ではなく、組織の重要な情報に不正にアクセスされることを防ぐことを求める言葉である。

　執務中であれば、許可されていない者からの覗き見をさせないようにする必要がある。また、短時間の離席などでは勝手に読まれないように重要な情報は裏返したり、バインダーを閉じたりしなければならない。

長時間の離席や外出、帰宅時などでは、情報の取扱い手順に従い、キャビネットなどに保管し施錠するなどの対応をしなければならない。

クリアスクリーンは、クリアデスクと同様に、覗き見対策や不正アクセスの防止を求める言葉である。離席時の対応としては、無人状態の装置と同じ対応が必要である。

コピー機やFAX、スキャナー及びそれらの複合機などでは、原稿や出力の放置などを防止しなければならない。また、そのような装置では、処理したデータを保存し、呼び出せる機能をもつものがあるため、許可されていない情報へのアクセスを防止するための対策を実施すべきである。

また、高機能携帯電話やスマートフォン、タブレットなど、パソコン並みの機能をもつ携帯端末では、パソコンと同等のクリアスクリーンを実施すべきである。

(b) ISO/IEC 27001：2005/JIS Q 27001：2006 との比較

ISO/IEC 27001：2013の「A.11.2　装置」は、ISO/IEC 27001：2005の「A.9.2」と「A.11.3.2」及び「A.11.3.3」からの項番変更である。

管理目的では、「活動(activities)」が「業務(operations)」に変更された。活動(activities)は、個々の業務の遂行に関連するが、業務(operations)は、組織の運営全般に関連するため、より広い管理目的になったといえる。したがって、「A.11.2」の管理策を検討する際には、個々の活動に対する影響ではなく、業務プロセス全体に与える影響を考慮した対策の検討が必要となる。

管理策では、ISO/IEC 27001：2013の「A.11.2.6　構外にある装置及び資産のセキュリティ」において「資産」が管理策の対象に追加された。「A.11.2.5」の資産の移動では、持ち出しの許可が要求されているが、「A.11.2.6」では、持ち出した後の資産のセキュリティが要求されている。

ISO/IEC 27001：2005では、「A.9.2.5」は「装置」のみが対象であったため、持ち出した媒体のセキュリティは「A.9.2.7」で扱うケースが多かったが、ISO/IEC 27001：2013では「A.11.2.6」での扱いとなる。

それ以外の管理策の内容は、一部表現が変更されているが、要求内容に大きな変更はない。

(8) A.12 運用のセキュリティ

> ISO/IEC 27001 / JIS Q 27001
>
> A.12.1 運用の手順及び責任
> 目的:情報処理設備の正確かつセキュリティを保った運用を確実にするため。
>
> A.12.1.1 操作手順書
> 管理策:操作手順は、文書化し、必要とする全ての利用者に対して利用可能にしなければならない。
>
> A.12.1.2 変更管理
> 管理策:情報セキュリティに影響を与える、組織、業務プロセス、情報処理設備及びシステムの変更は、管理しなければならない。
>
> A.12.1.3 容量・能力の管理
> 管理策:要求されたシステム性能を満たすことを確実にするために、資源の利用を監視・調整しなければならず、また、将来必要とする容量・能力を予測しなければならない。
>
> A.12.1.4 開発環境、試験環境及び運用環境の分離
> 管理策:開発環境、試験環境及び運用環境は、運用環境への認可されていないアクセス又は変更によるリスクを低減するために、分離しなければならない。

(a) 解説
■操作手順書

情報処理設備及び通信設備などの起動・停止、バックアップ、装置の保守、システムの運用、バッチ処理、障害回復処理、その他、一定の手順に従って操作をしなければ処理の誤りや障害が発生する可能性がある。これらの誤りリス

クを防止するためには、手順書を作成し操作者にその利用を徹底させなければならない。

購入した装置やシステムなどでは、納入者から提供された手順書で充分な場合もあるが、組織の独自の手順を定めているような場合は、手順書の作成が必要である。

どのような設備又は装置及びシステムに対し、どのような手順書が必要かを検討し、組織が必要とした手順書を作成又は準備しなければならない。

手順書には、「いつ、誰が、何を、どうやって実施するか」という5W1Hを意識したわかりやすい内容を記述するとともに、重要な設備又は装置及びシステムの手順書では、その手順書の内容に誤りがないことを使用前に検証すべきである。

コンピュータの立ち上げ手順などを実行する場合、システムダウンからの再立ち上げの際に、新しく作成した手順書の誤りによってシステム障害を起こし、データの破壊が起きた事例もあるため、注意が必要である。

■変更管理

組織や業務プロセスの変更によって要求事項への不適合や、情報セキュリティの弱点が発生しないようにしなければならない。

組織や業務プロセスの変更にあたっては、関連するリスクのレビューを行い必要な対策を講じるべきである。特に、アクセス権の変化や、役割責任の変化などが、変更前と変更後でどのようにコントロールされるべきかを見直すことが重要である。また、組織の変更によって、物理的な変更（拠点や区画の変更）を伴う場合は、物理的なセキュリティの見直しも必要である。

情報処理設備及びシステムの変更は、システム障害などで利用者への影響が生じたり、情報セキュリティの弱点（セキュリティホール）が生じたりしないようにしなければならない。また、変更の計画段階からセキュリティへの影響を検討、レビューし、実施段階で齟齬が生じないようにすべきである。

既存の情報処理設備や情報システムの入替え又は変更では、変更に対する利用者への通知を行い、変更した設備やシステムが正常に稼動しない場合、利用者に影響を与える前に既存のシステムに戻すための手順を備えたり、処理結果

を変更前に戻したりするなどの対応(ロールバック)を準備すべきである。

■容量・能力の管理

　情報処理設備や通信設備の能力や容量及び、通信回線の容量や速度などについて、導入時の必要量及び将来の必要量を予測し、導入する設備やサービスを決定しなければならない。

　また、導入した情報処理設備や通信設備の性能や容量及び通信回線の容量や速度などをモニタリングし、予測した容量・能力の変化(増加又は低下)との差異が生じていないかどうかを確認し、必要な対策をとらなければならない。

　容量や能力に不足が生じる場合、容量や能力を増やすか、要求処理を減らすかの対応が必要となる。容量や能力を増やすには、不要なサービスやデータの削除なども有効である。

■開発環境、試験環境及び運用環境の分離

　運用環境(本番業務を運用する環境)は、開発環境やテスト環境からの意図しない又は悪意のある影響から分離し、保護されなければならない。

　開発環境やテスト環境では、不安定なシステムの実行などにより、同一OS上の環境全体がダウンする可能性があるため、物理的に分離することが望ましいが、バーチャル環境などで、物理的には同じ環境でも、論理的に分離した安定した環境を確保する方法もある。

　ただし、メインフレーム(大型コンピュータ)のように複数のCPUを備え、ほかのCPU環境からの影響を受けないバーチャル環境と違い、1つのCPUでバーチャル環境を提供するサーバでは、ほかの環境からCPUレベルでの影響を受けるのは避けられない。

　開発環境やテスト環境には、コンパイラやデバック環境が搭載されているため、運用環境と同居することにより、運用システムの改ざんや無許可入替えなどのリスクがある。

　また、通常は、開発環境やテスト環境にアクセスを許可されている利用者(開発者)と運用環境にアクセスを許可されている利用者(ユーザー又は運用管理者)は異なるため、同一環境に同居させることにより、運用環境への不正アク

セスのリスクが生じる。

開発環境、試験環境及び運用環境の分離では、上記のようなリスクから保護するために運用環境から、ほかの環境の分離を行うべきである。

(b) ISO/IEC 27001：2005/JIS Q 27001：2006 との比較

ISO/IEC 27001：2013 の「A.12.1　運用の手順及び責任」は、ISO/IEC 27001：2005 の「A.10.1.1」「A.10.1.2」「A.10.1.4」及び「A.10.3.1」からの項番変更と、「A.6.1.4」の包含である。

「A.12.1.2　変更管理」で「情報セキュリティに影響を与える、組織、業務プロセス」が追加された。ISO/IEC 27001：2005 では、情報処理設備及びシステムに対する変化のみであったが、新しい要求は情報セキュリティに関連する組織や業務プロセスも変更管理の対象となる。管理策の対象範囲が拡大しているため、リスクアセスメントの内容を点検する必要がある。

ISO/IEC 27001：2005 の「A.6.1.4　情報処理設備の認可プロセス」に関しては、変更管理で、情報処理設備の変更として包含されたと考えてよい(公式のSD3 には記述はない)。ISO/IEC 27002：2013 の実施の手引きにも、「変更の申し出を正式に承認する手順」を考慮するよう推奨している。また、「あらゆる変更の十分な管理を確実にするためには、正式な責任体制及び手順を備えていることが望ましい」としている。

それ以外の管理策の内容は、一部表現が変更されているが、要求内容に大きな変更はない。

ISO/IEC 27001 / JIS Q 27001

A.12.2　マルウェアからの保護
　目的：情報及び情報処理施設がマルウェアから保護されることを確実にするため。

A.12.2.1　マルウェアに対する管理策
　管理策：マルウェアから保護するために、利用者に適切に認識させること併せて、検出、予防及び回復のための管理策を実施しなければな

> らない。

(a) 解説
■マルウェアに対する管理策

マルウェア[20]は、さまざまな形で侵入し、情報システムやデータの破壊、改ざん、漏えいなどを引き起こすため、組織の環境に合わせた適切な対策を実施しなければならない。

主な侵入経路としては、悪意のあるWebサイトの閲覧、マルウェアの組み込まれたプログラムのダウンロード又はインストール、メールの添付ファイル、SQLインジェクション、不正侵入者によるインストール、媒体(USBメモリなど)感染など多様であり、組織の状況を分析し、必要な対策を決定すべきである。

最近のインシデント報告では、最も多い侵入経路は「不正侵入者によるインストール」であるが、人の弱点を突いた「悪意のあるWebサイトの閲覧」や「メールの添付ファイル」及び「マルウェアが組み込まれたプログラムのダウンロード又はインストール」が相当数を占めている。

主なマルウェアの対策としては、ゲートウェイでの侵入検知、アンチウイルス対策ソフトの導入、スクリプト入力無効化処理、セキュリティパッチの適用、URLフィルタリング、ブラウザのセキュリティ設定、などがあるが、ヒューマンエラー(無意識で起こす又は意識しても起こしてしまうエラー)という人の弱点を突いた攻撃(例:標的型攻撃)は、ルールを作り教育するだけでは充分に対処することはできないため、ヒューマンファクター[21]を考慮した対策の検討が必要である。

(b) ISO/IEC 27001:2005/JIS Q 27001:2006との比較
ISO/IEC 27001:2013の「A.12.2 マルウェアからの保護」は、ISO/IEC

---
20) コンピュータウイルス、ワーム、スパイウェア、トロイの木馬など不正な意図で作成された悪意のあるソフトウェアや悪質なコードの総称。
21) 「個人」では防止できない人的事故(エラー)を管理面、技術面、環境面などの要素を考慮し、問題解決を図るための概念。

27001：2005の「A.10.4.1」の項番変更である。ISO/IEC 27001：2005の「A.10.4.2 モバイルコードに対する管理策」はマルウェアに含まれるとして削除された。

「悪意のあるコード及びモバイルコード」が「マルウェア」に変更され、管理対象範囲が明確になり、保護する対象も、「情報」から、「情報及び情報処理施設」と現実的な要求となった。

また、目的から「完全性の保護」が削除されたことで、機密性、完全性、可用性のすべてが保護の対象となった[22]。

ISO/IEC 27001 ／ JIS Q 27001

A.12.3　バックアップ
　目的：データの消失から保護するため。

A.12.3.1　情報のバックアップ
　管理策：情報、ソフトウェア及びシステムイメージのバックアップは、合意されたバックアップ方針に従って定期的に取得し、検査しなければならない。

（a）　解説

■情報のバックアップ

災害やシステム障害によるデータの消失及び、故意又は過失によるデータの破壊又は改ざんなどから、情報を保護（復旧）するために情報のバックアップを行わなければならない。

バックアップの種類には、**図表 11.2** のようにファイルバックアップとイメージバックアップがある。

ファイルバックアップでは、①フルバックアップ（対象のフォルダ又はファイル全体）、②差分バックアップ（フルバックアップ後の変更分すべて：フルバックアップから時間が経つと差分が大きくなり時間がかかる）、③増分バック

---

[22]　マルウェアには、システムの停止や、データの書換え、情報システムの改変など、完全性、可用性に影響を与えるものがある。

11.3 附属書A「管理目的と管理策」の解説

図表11.2　バックアップの種類と特徴

	ファイルバックアップ	イメージバックアップ
特徴	ファイルシステムを使用して行うバックアップで、ファイル及びフォルダ単位でバックアップ	ファイルシステムを使用せず、ハードディスク全体又はパーティションそのままをバックアップ
メリット	① バックアップが短時間でできる。 ② 復元(リストア)がファイル単位でできる ③ 差分バックアップ、増分バックアップなど、効率的なバックアップができる	① バックアップからの復元(リストア)方法が単純である ② ディスク又はパーティション全体の復元の場合短時間でできる
デメリット	① デスククラッシュなどで、ディスク全体の復元を行う場合、ファイルシステムやアプリケーションなどの動作環境を最初に復旧しなければならないため、処理時間が増える ② ソフトウェアやシステム設定などはバックアップできないため、過去の環境設定を記録し、リストアとは別に復元しなければならない	① 差分バックアップ、増分バックアップはできない(常にディスク又はパーティション全体が対象となる) ② ディスク又はパーティションの内容を丸ごとバックアップしているので、リストアする場合、バックアップ時点以降の情報(データ、設定など)の追加/変更はすべて消滅する

アップ(前回バックアップからの変更分:バックアップの実施期間分のみでバックアップ容量はあまり変化しない)がある。ファイルはバックアップできるが、レジストリやdllなどほかの環境も復元しないと正常に動作できないため、OSやソフトウェアのバックアップはできない。

(b) ISO/IEC 27001:2005/JIS Q 27001:2006との比較

ISO/IEC 27001:2013の「A.12.3　バックアップ」は、ISO/IEC 27001:2005の「A.10.5」からの項番変更である。

ISO/IEC 27001:2005では、情報(データ)やソフトウェアのバックアップの要求であったが、新しい要求はシステムイメージのバックアップが追加されている。ハードウェア障害などの際に、コンピュータ全体の復元を想定する場合、システムイメージのバックアップからのリストアも検討すべきである。

第11章 附属書A 管理目的及び管理策

> ISO/IEC 27001 ／ JIS Q 27001
>
> A.12.4 ログ取得及び監視
> 目的：イベントを記録し、証拠を作成するため。
>
> A.12.4.1 イベントログ取得
> 管理策：利用者の活動、例外処理、過失及び情報セキュリティ事象を記録したイベントログを取得し、保持し、定期的にレビューしなければならない。
>
> A.12.4.2 ログ情報の保護
> 管理策：ログ機能及びログ情報は、改ざん及び認可されていないアクセスから保護しなければならない。
>
> A.12.4.3 実務管理者及び運用担当者の作業ログ
> 管理策：システムの実務管理者及び運用担当者の作業は、記録し、そのログを保護し、定期的にレビューしなければならない。
>
> A.12.4.4 クロックの同期
> 管理策：組織又はセキュリティ領域内の関連する全ての情報処理システムのクロックは、単一の参照時刻源と同期させなければならない。

（a） **解説**

■イベントログ取得

利用者の活動、例外処理、過失及び情報セキュリティ事象を記録するために必要なイベントログを取得し、必要な期間保持したうえで定期的にログの内容をレビューしなければならない。

イベントログには、OSに関する「システム・ログ」、アプリケーションに関する「アプリケーション・ログ」、ログオンや警告設定の結果を記録する「セキュリティ・ログ」などがある。

イベントログの種類によって、利用方法が異なるため、何の目的のログかを明確にしたうえで、必要なログ情報を取得し、レビューの目的（日常活動の実施の確認、不審な操作のチェック、インシデント発生時の原因調査など）によって、データの保持期間とレビューのタイミングを定めるべきである。

例えば、情報漏えいの場合、インシデント発生に気づくのは外部に流出し、インターネットなどにその情報が公開された場合や、脅迫行為、クレジットカードのなりすましなど、明らかに流出したデータを悪用された場合であるが、過去の事例では発生から半年から1年経過した後に発覚している場合が多い。イベントログのデータをインシデント発生時の原因調査に利用するのであれば、最低でも半年間は保持すべきである。

また、内部的ななりすましの兆候を見るのであれば、日々のログオン失敗情報のチェックなど、短い期間のレビューを行う必要がある。

システム利用に関するリスクアセスメントを行い、どのようなリスクに対し、イベントログが有効かを決定すべきである。

また、イベントログは内容によっては膨大な量のデータとなるため、目視で異常活動などを発見することは難しいため、分析ツール（OS付属又は市販のツール）を活用し、有効で効率的なレビューを実施すべきである。

■ログ情報の保護

イベントログの情報は、「証拠」としての価値をもつため、破壊や改ざんから保護されなければならない。また、内容によってはPII（個人情報）が含まれるため、許可のないアクセスからも保護されなければならない。

特に、特権IDをもつ管理者などは、自分の操作ログを削除又は記録の停止をすることが可能な場合があるため、特権IDをもつ管理者からの保護を確実にすべきである。

インシデント発生時には、イベントログは法的証拠として重要なものとなるが、有効な証拠とするには適切に保護されている必要がある。

■実務管理者及び運用担当者の作業ログ

システムの実務管理者及び運用担当者の作業は、システム特権を利用した作

業となるため、責任追跡性を求められる。したがって、システムの実務管理者及び運用担当者のログは、当該作業者（システム特権保有者）から保護したうえで、その作業が与えられた責任と権限の範囲で行われていることをレビューすべきである。

また、イベントログだけのレビューでは、事前に許可された作業かどうかの確認が難しいため、イベントログとは別に作業の目的と内容を記述した作業管理記録を作成し、作業者以外の者からの承認又は確認を受けるべきである。

■クロックの同期

システム障害や不正アクセスなどのインシデントが発生し、複数の装置が関係していた場合に、時間的に正確な順番で発生した事実を把握する必要がある。したがって、イベントログなどの対象となるIT機器はすべて同じ時間となるよう同期をとらなければならない。

通常時間の同期にはNTPサーバ（インターネット用時刻同期サーバ）を使用する場合が多い。大きな組織では、自組織内にNTPサーバを置き、外部の公開NTPサーバと同期させることが多い。

(b) ISO/IEC 27001：2005/JIS Q 27001：2006との比較

ISO/IEC 27001：2013の「A.12.4 ログ取得及び監視」は、ISO/IEC 27001：2005の「A.10.10」からの項番変更である。ただし、「A.10.10.2」と「A.10.10.5」は「A.12.4」の管理策のなかでカバーされるとして削除された。

管理目的は大幅に変更され、ISO/IEC 27001：2005では「認可されていない活動を検知」することが目的であったが、新しい目的は、「証拠の作成」となっている。

ISO/IEC 27001：2013では、「監査ログ」が「イベントログ」になったが、「利用者の活動、例外処理、過失及び情報セキュリティ事象を記録」したものを要求していることから、取得するログの内容に関する変更はない。

しかし、「保持し、定期的にレビュー」が追加されたことにより、ISO/IEC 27001：2005では取得していればよかった（問題が発生したときだけ内容を調査することができればOK）ものが、今後は、定期的にレビューし、情報セキ

ュリティ上の問題が発生していないことを確認しなければならない。

それ以外の管理策の内容は、一部表現が変更されているが、要求内容に大きな変更はない。

ISO/IEC 27001 / JIS Q 27001

A.12.5 運用ソフトウェアの管理
 目的：運用システムの完全性を確実にするため。

A.12.5.1 運用システムに関わるソフトウェアの導入
 管理策：運用システムに関わるソフトウェアの導入を管理するための手順を実施しなければならない。

（a） **解説**
■**運用システムに関わるソフトウェアの導入**

運用システムは複数のソフトウェアで構成されている場合が多く、その構成ソフトウェアの一部の変更や、新しいソフトウェアの追加などによるソフトウェアの導入を管理しなければならない。

ソフトウェアの導入に当たっては、以下の点などを考慮すべきである。

① 受け入れ可能となる試験に合格していて、ソースコードと実行ファイルのバージョンが揃っていること
② 組織が必要とするセキュリティ機能が組み込まれていること
③ 市販ソフトやフリーウェアの導入では、入手元が信頼できる相手先であり、悪意のあるプログラムが組み込まれている恐れがないこと
④ 組織のビジネスの変化や法令の施行などによる変化に対応できること若しくは容易にバージョンアップできること
⑤ 導入したソフトウェアに技術的なぜい弱性が発見された場合、供給者から必要なパッチなどが提供されること
⑥ 導入したソフトウェアのサポートが供給者から得られること
⑦ 運用システムに新しいソフトウェアを導入するための環境ができていること

⑧ ソフトウェアを導入する際に、システムの利用者に影響を与えないこと
⑨ 導入に失敗した場合にロールバック（作業開始前の状態への復帰）できること
⑩ 導入したソフトウェアを含むシステム全体の構成管理情報を更新すること

(b) ISO/IEC 27001：2005／JIS Q 27001：2006 との比較

　ISO/IEC 27001：2013 の「A.12.5　運用ソフトウェアの管理」は、ISO/IEC 27001：2005 の「A.12.4」からの項番変更である。ただし、ISO/IEC 27001：2005 の「A.12.4.3」は「A.9.4.5」へ、「A.12.4.2」は「A.14.3.1」に項番が変更され、ほかの管理目的に編入された。

　管理目的は大幅に変更され、ISO/IEC 27001：2005 でのシステムファイルのセキュリティに関する要求事項（システム試験データ、プログラムソースコード）は、ほかの管理目的に編入された。

　ISO/IEC 27001:2013 では「手順を備える」が「手順を実施」に変更された。これまでと違い、手順だけではなく、手順を実施した記録が必要である。

ISO/IEC 27001 ／ JIS Q 27001

A.12.6　技術的ぜい弱性管理
　目的：技術的ぜい弱性の悪用を防止するため。

A.12.6.1　技術的ぜい弱性の管理
　管理策：利用中の情報システムの技術的ぜい弱性に関する情報は、時機を失せずに獲得しなければならない。また、そのようなぜい弱性に組織がさらされている状況を評価しなければならない。さらに、それらと関連するリスクに対処するために、適切な手段をとらなければならない。

A.12.6.2　ソフトウェアのインストールの制限

> 管理策:利用者によるソフトウェアのインストールを管理する規則を確立し、実施しなければならない。

(a) 解説
■技術的ぜい弱性の管理

利用中の情報システムの技術的ぜい弱性、すなわち「情報システムのコンピュータ及びソフトウェアの安全上の欠陥」は、当該システムに対する不正行為を許す原因になるだけでなく、そのシステムを足掛かりとして、組織全体の情報システムに影響を及ぼす可能性があるため、組織が保有する情報システムに関連する技術的ぜい弱性情報を収集し、セキュリティパッチを適用するなど適切に対応しなければならない。

組織は、供給者などから随時公表される OS や市販ソフトウェアなどの情報や、ぜい弱性監視(ぜい弱性検査サービスやぜい弱性検知ツールの使用を含む)などから組織の情報システムに対する技術的ぜい弱性情報を入手し、可能な限り速やかに対処すべきである。

悪意のある第三者は、技術的ぜい弱性情報が公表されると同時にそれを悪用しようとするため、技術的ぜい弱性の緊急度(リスクの大きさ)に合わせ、時機を失せず対応できるようにすることが重要である[23]。

■ソフトウェアのインストールの制限

利用者による無秩序なソフトウェアのインストールの放置は、技術的ぜい弱性の発生や、マルウェアの侵入を許すなど、情報セキュリティ上の脅威になるため、ソフトウェアのインストールに関する規則を定め、順守させなければならない。

ソフトウェアの導入では、必ずしもインストール[24]を必要としないソフトウェアもあるため、システムの利用者権限でインストールを制限しただけでは

---

[23] 技術的ぜい弱性の存在は「情報セキュリティリスク」を高めるため、現在実施している対策では不十分な状態が発生すれば、情報システムに対する情報セキュリティリスク受容水準を上回ることになり、本規格の情報セキュリティリスク対応に関する不適合となる。

不十分であり、利用者のソフトウェアの導入状況を監査するなどの対応も考慮すべきである。

(b) ISO/IEC 27001：2005/JIS Q 27001：2006 との比較

ISO/IEC 27001：2013 の管理目的では、「公開された」が削除され、「悪用によって生じるリスクを低減」が「悪用を防止」に変更となった[25]。

ISO/IEC 27001：2013 の「A.12.6.2　ソフトウェアのインストールの制限」は新規の管理策である。

また、「リスクの低減」が「防止」となり、より強い対応が求められている。

ISO/IEC 27001 ／ JIS Q 27001

A.12.7　情報システムの監査に対する考慮事項
　目的：運用システムに対する監査活動の影響を最小限にするため。

A.12.7.1　情報システムの監査に対する管理策
　管理策：運用システムの検証を伴う監査要求事項及び監査活動は、業務プロセスの中断を最小限に抑えるために、慎重に計画し、合意しなければならない。

---

24)　インストールとは、プログラムの本体と、DLL（補助プログラム）に分散して格納し、必要な設定は「Documents and Settings」フォルダに記録を残したうえで、その関連をレジストリと呼ぶファイルに格納するといった一連の作業を行うことである。インストールの制限では、インストール作業を支援するインストーラと呼ばれるプログラムの実行を制限するほかに、レジストリなどの変更を禁止する方法などがある。
　　インストール不要のソフトウェアとは、ソフトウェアを動作させるすべてのプログラムと関連情報をひとまとまりのファイルとして提供するものであり、ファイルをダウンロードするだけで実行できるものである。フリーウェアとして提供されるソフトウェアはこの形態が多い。

25)　技術的ぜい弱性は、会員や顧客へ非公開で通知されたり、自分の組織が構築したシステムにも生じたりすることがあるため、必ずしも公開されたものだけではない。

(a) 解説
■情報システムの監査に対する管理策

運用システムに直接アクセスする形で監査を行う場合、運用中のシステムに影響を与える(利用者の業務に影響を与える)ことを最小限にしなければならない。特にダミーのデータで処理結果の検証を行うような場合、運用データの処理結果に影響を与えてはならない。

このような監査は、利用者に知らせずに行うことは避けなければならず、運用システムの管理者及び利用責任者の合意を得るべきである。

運用システムに影響を与える可能性のある監査を行う必要がある場合は、時間外や休日に行うなど、問題が生じても利用者に影響させない方法を採用すべきである。

(b) ISO/IEC 27001：2005/JIS Q 27001：2006 との比較

ISO/IEC 27001：2013の「A.12.7　情報システムの監査に対する考慮事項」は、ISO/IEC 27001：2005 の「A.15.3」からの項番変更である。ただし、「A.15.3.2 情報システムの監査ツールの保護」は ISO/IEC 27001：2013 の「A.9.4.4　特権的なユーティリティプログラムの使用」に含まれるとして削除された。

(9) A.13　通信のセキュリティ

ISO/IEC 27001 ／ JIS Q 27001

A.13.1　ネットワークセキュリティ管理
　目的：ネットワークにおける情報の保護、及びネットワークを支える情報処理施設の保護を確実にするため。

A.13.1.1　ネットワーク管理策
　管理策：システム及びアプリケーション内の情報を保護するために、ネットワークを管理し、制御しなければならない。

A.13.1.2　ネットワークサービスのセキュリティ

第 11 章　附属書 A　管理目的及び管理策

> 管理策：組織が自ら提供するか外部委託しているかを問わず、全てのネットワークサービスについて、セキュリティ機能、サービスレベル及び管理上の要求事項を特定しなければならず、また、ネットワークサービス合意書にもこれらを盛り込まなければならない。
>
> A.13.1.3　ネットワークの分離
> 管理策：情報サービス、利用者及び情報システムは、ネットワーク上で、グループごとに分離しなければならない。

(a)　解説

■ネットワーク管理策

　ネットワーク上を流れる情報とネットワークを経由して提供されるサービス及び、ネットワークに接続した情報処理設備に内蔵されている情報に対する不正アクセス、不正利用を防止するために必要な対策を実施しなければならない。

　外部からの脅威に対しては、ネットワークの境界[26]の管理や、外部から提供されるサービスへのアクセス制御、広域ネットワークのルーティング制御、機微な情報を取り扱うセキュア区画の設定（ネットワークの分離）など、ネットワークに関連するリスクに応じた対策を実施すべきである。

　また、内部的な脅威に対しても、ネットワークログインの管理、ネットワーク接続機器の制限、イベントログの監視、盗聴対策など、組織のネットワークに関連するリスクを洗い出し、必要な対策を講じるべきである。

■ネットワークサービスのセキュリティ

　組織が利用者に提供するネットワークサービスは、組織自身が提供するか、外部委託業者が提供するかに関係なく、セキュリティ機能やサービスレベル（例：障害発生時の復旧時間）を明らかにしなければならない。

　また、合意したセキュリティレベルやセキュリティ機能に関しては、合意書

---

[26]　外部接続の接点であり、ルータ、ファイアウォール、モデム、無線 LAN アクセスポイントなどの通信装置がネットワークの境界を構成する。

(SLA：サービスレベルアグリーメント)などに盛り込む必要がある。

■ネットワークの分離

大きな組織のネットワークでは、情報の保護を確実にするために、アクセス制御方針に従い、情報を共有するグループ（事業、組織、プロジェクトなど）ごとに分離しなければならない。

また、外部からのアクセスを許すDMZ[27]を設置して、外部ネットワークと内部ネットワークを分離することも必要である。

内部ネットワークの分離は、ファイアウォール、ルータ、スイッチなどで分離するが、広域ネットワークの場合は、個々の拠点を独立したネットワークとしたうえで、VPN（仮想私設ネットワーク）などで接続する場合が多い。

(b) ISO/IEC 27001：2005/JIS Q 27001：2006 との比較

ISO/IEC 27001：2013 の「A.13.1　ネットワークセキュリティ管理」は、ISO/IEC 27001：2005 の「A.10.6」からの項番変更と「A.11.4.5　ネットワークの領域分割」の編入である。

管理目的は、「基盤」が「情報処理施設」に変更されたが、言い換えの範囲であり管理目的の意味は変更されていない。

ISO/IEC 27001：2005 の管理策中の「ネットワークを脅威から保護するために」は、管理目的に含まれているとして削除された。また、「ネットワークを用いた業務用システム及び業務用ソフトウェア（処理中の情報を含む）のセキュリティを維持」が「システム及びアプリケーション内の情報を保護」に変更されたが管理策としての要求内容に大きな変更はない。

また、「セキュリティ特性（feature）」が「セキュリティ機能（mechanisms）」に変更された部分では、「ウイルスの侵入に強い」や、「外部からの不正アクセスに強い」という特性ではなく、「ウイルス検知機能」や「不正 URL フィル

---

27) DeMilitarized Zone（非武装地帯）の略称。インターネットなどの信頼できないネットワークと、社内ネットワークなどの信頼できるネットワークの中間に置かれるセグメントで、万一公開サーバが乗っ取られても、このセグメントを置くことで内部ネットワークには容易に侵入できない。

タリング機能」があるなど、具体的なセキュリティ機能に関するサービスレベルと管理上の要求事項の特定が要求されることになる。

ISO/IEC 27001 / JIS Q 27001

A.13.2　情報の転送
　目的：組織の内部及び外部に転送した情報のセキュリティを維持するため。

A.13.2.1　情報転送の方針及び手順
　管理策：あらゆる形式の通信設備を利用した情報転送を保護するために、正式な転送方針、手順及び管理策を備えなければならない。

A.13.2.2　情報転送に関する合意
　管理策：合意では、組織と外部関係者との間の業務情報のセキュリティを保った転送について、取り扱わなければならない。

A.13.2.3　電子的メッセージ通信
　管理策：電子的メッセージ通信に含まれた情報は、適切に保護しなければならない。

A.13.2.4　秘密保持契約又は守秘義務契約
　管理策：情報保護に対する組織の要件を反映する秘密保持契約又は守秘義務契約のための要求事項は、特定し、定めに従ってレビューし、文書化しなければならない。

(a)　解説
■情報転送の方針及び手順と合意

電子メール、インターネットファイル交換、ファイル転送(FTP、SFTP、FTPS など)、EDI(企業間電子情報交換)、SNS(ソーシャルネットワーク)、IM(インスタントメッセージ)、FAX、電話(留守電、ボイスメッセージ含む)、

無線通信など、あらゆる通信方法による情報転送について、情報を保護するための転送方針や手順の作成、セキュリティ対策などを定め実施しなければならない。

通信設備を利用した転送では、盗聴、傍受、複製、改ざん、誤送信、消失などの脅威から情報を保護しなければならないが、情報の重要性によって利用してよい転送手段を定めたり、許可された転送手段のリスクに応じた対策[28]を決定したりすることが求められる。

また、そのような情報を転送する場合、転送する相手先との間で安全な情報の転送の仕方について、合意しなければならない。合意には、転送手段だけでなく、受領確認や、追跡性、否認防止、インシデント発生時の責任、暗号の強度と暗号鍵の取扱い、発送信にかかわる要員のセキュリティなど、情報を保護するために必要な条件を含めるべきである。

■電子的メッセージ通信

電子メール、インターネットファイル交換、電子データ交換、SNSなどのさまざまな電子的メッセージ交換について、通信に含まれた情報について適切な保護をしなければならない。

電子的メッセージ交換も情報転送の一部であり、基本的には情報転送の方針及び手順に含まれるべきであるが、電子的メッセージ交換は業務上のコミュニケーション手段でもあり、安全性と利便性のバランスを考慮した対策が必要である(上記の「情報転送の方針及び手順と合意」を参照)。

■秘密保持契約又は守秘義務契約

組織の内部又は外部で組織の情報にアクセスさせるか、アクセス可能な状態にある者(個人又は組織)に対し、組織の定めた情報の秘密のレベルに応じて、秘密の保持又は守秘をする契約を締結させる場合、契約すべき条項を特定し、レビューし、文書化しなければならない。

---

[28] 例えば、暗号化、パスワード付ファイル、電子署名、改ざん検知、転送許可システムなどがある。

契約条項は、法的に強制できるものでなければならず、情報を保護するため以下の内容を記載することを考慮すべきである。

① 秘密情報の定義と契約対象となる情報の分類
② 契約の有効期間(例えば、契約終了後も有効な秘密保持など)
③ 契約終了時の処置(組織の情報の返還及び消去)
④ 契約者の責任
⑤ 知的所有権と情報保護の関連
⑥ 情報の利用範囲とアクセス権の制限
⑦ 契約違反発生時の通知・連絡と必要な処置
⑧ 契約違反に対する罰則

(b) ISO/IEC 27001:2005/JIS Q 27001:2006 との比較

　ISO/IEC 27001:2013 の「A.13.2　情報の転送」は、ISO/IEC 27001:2005 の「A.10.8」からの項番変更と「A.6.1.5　秘密保持契約」の編入である。ISO/IEC 27001:2005 の「A.10.8.3　配送中の物理的媒体」は媒体の管理策であるとして、「A.8.3.3」に項番が変更され、「A.8.3　媒体の取扱い」の管理目的に編入された。

　また、ISO/IEC 27001:2005 の「A.10.8.5　業務用情報システム」はアクセス制御の管理策であり、重複していることから削除された。

(10) A.14 システムの取得、開発及び保守

ISO/IEC 27001 / JIS Q 27001

A.14.1　情報システムのセキュリティ要求事項
　目的：ライフサイクル全体にわたって、情報セキュリティが情報システムの欠くことのできない部分であることを確実にするため。これには、公衆ネットワークを介してサービスを提供する情報システムのための要求事項も含む。

A.14.1.1　情報セキュリティ要求事項の分析及び仕様化

管理策：情報セキュリティに関連する要求事項は、新しい情報システム又は既存の情報システムの改善に関する要求事項に含めなければならない。

A.14.1.2　公衆ネットワーク上のアプリケーションサービスのセキュリティの考慮
　管理策：公衆ネットワークを経由するアプリケーションサービスに含まれる情報は、不正行為、契約紛争、並びに認可されていない開示及び変更から保護しなければならない。

A.14.1.3　アプリケーションサービスのトランザクションの保護
　管理策：アプリケーションサービスのトランザクションに含まれる情報は、次の事項を未然に防止するために、保護しなければならない。
- 不完全な通信
- 誤った通信経路設定
- 認可されていないメッセージの変更
- 認可されていない開示
- 認可されていないメッセージの複製又は再生

(a)　解説
■情報セキュリティ要求事項の分析及び仕様化
　情報システム開発（新規及び改正）のライフサイクル（計画、設計、開発、試験、導入、運用、廃棄など）の各段階において、当該情報システムの情報セキュリティが検討され、実装されることを確実にするため、情報セキュリティの要求事項を分析し、設計に対する要求をまとめ、仕様化なければならない。
　ここでの情報システムは、ソフトウェアと情報処理設備、通信サービスや電源設備などの情報システムの構成要素全体として考えるべきである。
　この仕様には、機密性、完全性、可用性の観点から、そのシステムの特性に合わせた情報セキュリティを盛り込むべきである。ただし、その情報セキュリティは、開発される情報システムの本来の目的（業務処理など）を阻害しないよ

う配慮すべきである。

■公衆ネットワーク上のアプリケーションサービスのセキュリティの考慮

公衆ネットワーク上のアプリケーションは、不正行為、契約紛争、盗聴、傍受、改ざん、誤開示などの脅威から保護されなければならない。

保護対策には、否認防止、暗号化、電子署名など技術的な対策のほかに、アプリケーションの変更管理や公開情報(約款、商品・サービス内容、提供情報、提供価格、IR情報など)の適切さ、正確さに関するレビューと承認なども考慮すべきである。

代表的なトランザクション処理としては、「ホテルや航空機又は列車の予約」「オンラインバンキング」「ネット通販」などがある。

■アプリケーションサービスのトランザクションの保護

アプリケーションサービスのトランザクションは、サービスの安全性(誤りのない処理、要求どおりのサービス提供、望まない結果の防止など)を確保するために、トランザクションに含まれる情報を保護しなければならない。

トランザクションとは、「情報処理を行う一連の作業を全体として一つの処理にまとめたもので、処理すべきデータと処理要求の集まりである(例：受注処理トランザクションとは、つまり受注データ、在庫データ、発送データとそれらを処理する手順のこと)」であり、単にWeb上に掲載した情報の参照や、Webページから呼び出す問い合わせメール送信などには適用されない。

(b)　ISO/IEC 27001：2005/JIS Q 27001：2006との比較

ISO/IEC 27001:2013の「A.14.1　情報システムのセキュリティ要求事項」は、ISO/IEC 27001：2005の「A.12.1」と「A.10.9」からの項番変更である。

ISO/IEC 27001：2005の「A.10.9.3　公開情報」は削除されたが、ISO/IEC 27001：2013の「A.14.1.2」でカバーされている。

ISO/IEC 27001：2005では、「新しいシステム又は既存のシステム」の改善に対する情報セキュリティについて仕様化を求めていたが、ISO/IEC 27001：2013では、「情報セキュリティに関連する要求事項」を「新しいシステム又は

11.3 附属書A「管理目的と管理策」の解説

既存のシステム」の改善の要求事項に含めることが求められている。一見同じように見えるが、情報システムのために都度セキュリティを検討するというやり方ではなく、あらかじめ定められている組織の情報セキュリティに対する要求事項を、情報システムに反映することが求められている。

また、ISO/IEC 27001：2005の電子商取引(electronic commerce)とオンライン取引(on-line transactions)の用語が「アプリケーションサービス(application services)」に変更し統一された。したがって、決済の伴う商取引の場合のみでなく、無償のサービスや決済処理が組み込まれていないサービスであっても対象となると考えてよい。

ISO/IEC 27001 / JIS Q 27001

A.14.2　開発及びサポートプロセスにおけるセキュリティ
　目的：情報システムの開発サイクルの中で情報セキュリティを設計し、実施することを確実にするため。

A.14.2.1　セキュリティに配慮した開発のための方針
　管理策：ソフトウェア及びシステムの開発のための規則は、組織内において確立し、開発に対して適用しなければならない。

A.14.2.2　システムの変更管理手順
　管理策：開発のライフサイクルにおけるシステムの変更は、正式な変更管理手順を用いて管理しなければならない。

A.14.2.3　オペレーティングプラットフォーム変更後のアプリケーションの技術的レビュー
　管理策：オペレーティングプラットフォームを変更するときは、組織の運用又はセキュリティに悪影響がないことを確実にするために、重要なアプリケーションをレビューし、試験しなければならない。

A.14.2.4　パッケージソフトウェアの変更に対する制限

> 管理策:パッケージソフトウェアの変更は、抑止しなければならず、必要な変更だけに限らなければならない。また、全ての変更は、厳重に管理しなければならない。
>
> A.14.2.5 セキュリティに配慮したシステム構築の原則
> 管理策:セキュリティに配慮したシステムを構築するための原則を確立し、文書化し、維持し、全ての情報システムの実装に対して適用しなければならない。
>
> A.14.2.6 セキュリティに配慮した開発環境
> 管理策:組織は、全てのシステム開発ライフサイクルを含む、システムの開発及び統合の取組みのためのセキュリティに配慮した開発環境を確立し、適切に保護しなければならない。
>
> A.14.2.7 外部委託による開発
> 管理策:組織は、外部委託したシステム開発活動を監督し、監視しなければならない。
>
> A.14.2.8 システムセキュリティの試験
> 管理策:セキュリティ機能(functionality)の試験は、開発期間中に実施しなければならない。
>
> A.14.2.9 システムの受入れ試験
> 管理策:新しい情報システム、及びその改訂版・更新版のために、受入れ試験のプログラム及び関連する基準を確立しなければならない。

(a) 解説
■セキュリティに配慮した開発のための方針
「A.14.1」では、情報セキュリティを開発システムに組み込むことを要求しているが、ここでは、ソフトウェア及びシステムの開発のための規則を適用す

ることを要求している。

　開発のための規則には以下の内容を考慮すべきである。

　　① 開発環境及び開発者のセキュリティ
　　② システム開発方法論におけるセキュリティ
　　③ 開発言語の選定とセキュアプログラミング方法論
　　④ セキュリティに配慮したシステム開発のための開発者の力量と訓練
　　⑤ 外部委託開発におけるセキュリティ要求事項
　　⑥ 設計段階におけるセキュリティ要求事項の確認と組み込み
　　⑦ 開発のライフサイクルのマイルストーンごとのレビュー
　　⑧ モジュールテストとソースコードのバージョン管理
　　⑨ システムテストと受け入れテストの基準と実施手順
　　⑩ 本番運用移行基準と実施手順

■システムの変更管理手順

　情報システムの開発ライフサイクル(企画、設計、開発・実装、試験、本番移行、運用・保守、更新・廃棄など)のなかで、システム、アプリケーション及び製品の完全性を保つために、正式な変更管理手順を用いて管理しなければならない。変更管理手順では、変更の設計段階からセキュリティに関する要件を確認し、変更によってぜい弱性が生じないようにすべきである。

　また、変更の実施(本番移行)についても、利用者の業務に影響を与えないよう、実施タイミングや移行方法を考慮すべきである。

　変更の実施後には、移行のために一時的に変更していた環境設定などを点検し、セキュア環境として定めた状態に戻さなければならない。

　セキュリティパッチやサービスパックなどの適用に関しては、「A.14.2.3　オペレーティングプラットフォーム変更後のアプリケーションの技術的レビュー」で変更を管理する。

■オペレーティングプラットフォーム変更後のアプリケーションの技術的レビュー

　オペレーティングプラットフォーム変更では、変更を適用する前にそのプラ

ットフォームを利用しているアプリケーションの動作確認を行わなくてはならない。

オペレーティングプラットフォームとは、「ハードウェア」「OS」「データベース」「ミドルウェア」などで構成され、ソフトウェアを動作させるために必要な環境のことである。

これらの構成要素を変更することによって、動作不良を起こすソフトウェアがないかどうか、変更を実施する前に運用環境とは異なる環境でテストすべきである。

OSへのセキュリティパッチやサービスパックの適用もオペレーティングプラットフォーム変更となるため、重要なシステムを運用するオペレーティングプラットフォームには、自動的な適用を行うのは避けるべきである。

■パッケージソフトウェアの変更に対する制限

カスタマイズ可能な形で提供されるパッケージソフトウェアについて、無秩序なカスタマイズを抑制し、必要最小限としなければならない。

多くの場合、パッケージソフトは、自組織で開発する場合に比べて廉価であると同時に、バージョンアップや保守サービスの形で改良や機能追加がされることが期待できる。

提供者の保証のないカスタマイズは、提供者側のオリジナルに対する変更（改良や機能追加）がそのまま反映できず、諦めるか自組織で対応せざるを得なくなるリスクがある。また、カスタマイズしたソフトウェアに障害が発生した場合、提供者側の責任なのか、カスタマイズした組織の責任なのかが曖昧となり、不具合の解消や損害賠償を請求できないリスクもある。

パッケージソフトのカスタマイズは、提供者が保証する範囲（カスタマイズ可能な機能、インターフェース、オリジナル部分との処理のタイミングなど）で行い、将来受けられるであろう改良や機能追加のメリットを失わないようにすべきである。

■セキュリティに配慮したシステム構築の原則

「A.14.2.1　セキュリティに配慮した開発のための方針」に従い、セキュリテ

ィに配慮したシステム構築の原則を定め、文書化し、適用しなければならない。
　セキュリティに配慮したシステム構築の原則には、以下の内容を考慮すべきである。
　① セキュアプログラミング手法
　② データマネジメント（データの入力、処理、出力の各段階におけるデータの妥当性）
　③ 利用者認証
　④ セッション管理
　⑤ サニタイジング
　⑥ その他、リスクアセスメントで組織が必要とした対策

　また、セキュリティに配慮したシステム構築の原則は、脅威の変化や組織のシステムに対するセキュリティ要件の変化などを取り入れるため、定期的にレビューすることが望ましい。

■セキュリティに配慮した開発環境

　この場合は、開発要員、開発プロセス、開発技術を含めたシステム開発環境全体に対するセキュリティに配慮し、保護しなければならない。
　システム開発環境に対するセキュリティでは、開発で扱うシステムの重要性及び、そのシステムで扱われる情報の取扱いの慎重性などを考慮し、機密性、完全性、可用性の観点から、組織の開発環境におけるリスクを低減するように定めるべきである。

■外部委託による開発

　この場合では、外部委託先に対するセキュリティ要求事項を定め、契約書に盛り込むとともに、その条項が順守されているかを監督し、監視しなければならない。
　外部委託開発に対する監督、監視では、以下の事項を考慮すべきである。
　① コードの所有権及び知的財産権（第三者の知的財産権による紛争防止を含む）及び法令順守
　② プログラムテストとソースコード管理（テスト合格ソースコードの改

ざん防止)
③ 悪意のあるコードが含まれないことへの保証
④ 貸与又は開示した組織の情報に対する保護
⑤ 既知のぜい弱性(SQLインジェクション対策など)への対応
⑥ 仕様書、設計書の変更管理
⑦ その他、組織が外部委託先に要求するセキュリティ要求事項で、情報の安全な取扱い義務、アクセス権管理、従業者教育、契約順守、再委託管理、報告義務、監査権などがある。

■システムセキュリティの試験
　セキュリティ機能は、運用を開始してからセキュリティの不備のためにインシデントが発生しないよう、開発期間中に試験しなければならない。
　セキュリティ機能の試験では、設計段階で仕様化したセキュリティ機能が、実装され機能することを確認しなければならないが、試験計画の作成では、試験のための入力、処理、出力の関係を綿密に検証し、必要な処理が正しく行われることと、許可されない処理が確実に拒否されることが確認できるよう、詳細な試験計画を作成し、実施すべきである。

■システムの受け入れ試験
　この場合は、組織として当該システムを運用システムとして受け入れるには、組織が定めた受け入れ試験を実施することと、受け入れ基準を満たすことが必要である。
　受け入れ試験では、当該システムのビジネス要件を満たしていると同時に、「A.14.1.1　情報セキュリティ要求事項の分析及び仕様化」「A.14.1.2　公衆ネットワーク上のアプリケーションサービスのセキュリティの考慮」を含め、当該システムに求められているセキュリティ機能が満たされていることを確認すべきである。

(b)　ISO/IEC 27001：2005/JIS Q 27001：2006 との比較
　ISO/IEC 27001：2013 の「A.14.2　開発及びサポートプロセスにおけるセキ

ュリティ」は、ISO/IEC 27001：2005 の「A.12.5」からの項番変更と「A.10.3.2 システムの受入れ」の編入である。

ISO/IEC 27001：2005 の「A.12.5.4　情報の漏えい」は、次の理由でこの管理策が削除されている。

① 「情報の漏えいの可能性を抑止することが望ましい」という管理策で求める内容が一般的に過ぎる。
② 実施の手引の内容が管理策で求めている事項のごく一部にしか対応していない。

ただし、この要求事項は、新しい管理策の「A.12.6.1　技術的ぜい弱性の管理」「A.12.4.1　イベントログ取得」「A.14.2.1　セキュリティに配慮した開発のための方針」「A.14.2.9　システムの受入れ試験」などによってカバーされる。

ISO/IEC 27001：2013 の「A.14.2.1　セキュリティに配慮した開発のための方針」「A.14.2.5　セキュリティに配慮したシステム構築の原則」「A.14.2.6　セキュリティに配慮した開発環境」「A.14.2.8　システムセキュリティの試験」の4つの管理策は新しい要求事項である[29]。

ISO/IEC 27001 ／ JIS Q 27001

A.14.3　試験データ
　目的：試験に用いるデータの保護を確実にするため。

A.14.3.1　試験データの保護
　管理策：試験データは、注意深く選定し、保護し、管理しなければならない。

(a)　解説
■試験データの保護
　PII などの運用データを試験データとして使用する場合には、必要とする部

---

[29] ISO/IEC 27001：2013 の「A.14.2.8」には、ISO/IEC 27001：2005 の「A.10.3.2」で開発中だった試験に関する要求事項の部分が含まれる。

分だけを利用し、故意又は過失による情報漏えいが発生しないように、注意深く選択し、保護し、管理しなければならない。

　PII を含め、運用データを試験に使用する場合は、試験環境へのログインの制限、ほかの開発／試験作業の停止、試験中のデータアクセスの監視、試験終了後のデータ消去の確認などを実施すべきである。

　特に PII データは、試験には用いないことが望ましいが、試験の特性上どうしても使用せざるを得ない場合は、マスキング（個人を特定できる情報の削除、又は改変）を行い、個人を特定できない状態で使用すべきである。

(b)　ISO/IEC 27001：2005/JIS Q 27001：2006 との比較

　ISO/IEC 27001：2013 の「A.14.3　試験データ」は、ISO/IEC 27001：2005 の「A.12.4.2」の管理策を独立させた新しい管理目的である。

　これまでも、個人情報又はその他の秘密情報を含んだ運用データを試験に使う場合にこの管理策を採用していたが、新しい管理策でも変化はない。

(11)　A.15　供給者関係

　外部委託、ICT サプライチェーンなどの供給者関係に関連し、組織が自ら管理できない情報セキュリティリスクに対し、組織が求める情報セキュリティを供給者に要求し、合意することによって管理することが求められる。

ISO/IEC 27001 ／ JIS Q 27001

A.15.1　供給者関係における情報セキュリティ
　目的：供給者がアクセスできる組織の資産の保護を確実にするため。

A.15.1.1　供給者関係のための情報セキュリティの方針
　管理策：組織の資産に対する供給者のアクセスに関連するリスクを軽減するための情報セキュリティ要求事項について、供給者と合意し、文書化しなければならない。

A.15.1.2　供給者との合意におけるセキュリティの取扱い

> 管理策:関連する全ての情報セキュリティ要求事項を確立しなければならず、また、組織の情報に対して、アクセス、処理、保存若しくは通信を行う、又は組織の情報のためのIT基盤を提供する可能性のあるそれぞれの供給者と、この要求事項について合意しなければならない。
>
> A.15.1.3 ICTサプライチェーン[30]
> 管理策:供給者との合意には、情報通信技術(ICT)サービス及び製品のサプライチェーンに関連する情報セキュリティリスクに対処するための要求事項を含めなければならない。

(a) 解説

■供給者関係のための情報セキュリティ方針

供給者との関係におけるリスク[31]を識別し、そのリスクを軽減するための情報セキュリティ方針を決定し、供給者と合意し、その内容を文書化しなければならない。

供給者が直接組織の資産にアクセスを許可されている場合と、供給者との業務関係で、組織の資産にアクセスを許可されてはいないが、アクセスが可能な状態にある場合がある。

前者については、アクセスを許可された資産の安全な取扱い及び保管管理を要求しなければならない。また、後者については、無許可のアクセスをしないように、供給者の従業員に対する禁止事項の周知徹底などが必要である。

■供給者との合意におけるセキュリティの取扱い

「A.15.1.1」の供給者に対し、供給者関係におけるセキュリティ要求事項を具

---

[30] 例えば、ICT設備・機器及びその構成要素の販売、サービス(通信、ICT(ASP、クラウドを含む)、ICT設備・機器及びその構成要素のレンタル又はリース、物流(郵便、宅配含む)、ビル管理(点検、清掃ほか)、ICT設備・機器及び各種媒体の再生又は廃棄、その他)の提供者などがある。

[31] 例えば、サービスや製品の供給の中断、技術的進歩による製造中止、組織の情報に対する故意又は過失による無許可アクセス、供給者のセキュリティ管理レベルの低下などがある。

体的に定め、合意しなければならない。

合意には、**図表 11.3** の内容を考慮し盛り込むべきである。

なお、供給者に対するセキュリティは、組織が自分自身で行うセキュリティを基本とし、供給者との関係のリスクに応じて要求すべきである。

■ ICT サプライチェーン

ICT サプライチェーンの情報セキュリティリスク[32]を考慮し、セキュリティ要求事項を定める必要がある。

サプライチェーンは、連続する供給者関係の連鎖になっている場合が多く、

図表 11.3　供給者との合意における考慮点

考慮点	関連する管理策
アクセス制御	A.8.1.3　資産利用の許容範囲 A.9.1.1　アクセス制御方針 A.9.4.1　情報へのアクセス制限 A.11.1.5　セキュリティを保つべき領域での作業 A.11.1.6　受け渡し場所
適正処理	A.12.1.1　操作手順書 A.14.2.5　セキュリティに配慮したシステム構築の原則
輸送及び保管管理	A.8.1.2　資産の管理責任 A.8.2.3　資産の取扱い A.8.3.1　取外し可能な媒体の管理 A.8.3.2　媒体の処分 A.8.3.3　物理的媒体の輸送 A.11.2.7　装置のセキュリティを保った処分又は再利用
通信の管理	A.13.2.2　情報転送に関する合意 A.13.2.3　電子的メッセージ通信 A.14.1.2　公衆ネットワーク上のアプリケーションサービスのセキュリティの考慮 A.14.1.3　アプリケーションサービスのトランザクションの保護
ICT 基盤の管理	A.14.1.1　情報セキュリティ要求事項の分析及び仕様化 A.14.2.2　システムの変更管理手順

---

[32] 例えば、ICT 製品及びサービス供給の中断又は停止、ICT サービスの劣化、契約した品質レベルの未達成、ICT 製品及びサービス、供給者の下請け又は仕入れ先による契約不履行などがある。

契約当事者間だけの関係だけでは合意できない場合もあるため、組織の活動に影響を与えるサプライチェーン全体の状況を把握し、可能な範囲(例えば、供給者の下請けに対する情報セキュリティ要求など)での合意を目指すべきである。

なお、供給者に対するセキュリティは、組織が自分自身で行うセキュリティを基本とし、供給者との関係のリスクに応じて要求すべきである。

(b) ISO/IEC 27001：2005/JIS Q 27001：2006 との比較

ISO/IEC 27001:2013の「A.15.1 供給者関係における情報セキュリティ」は、新しい管理目的である。ISO/IEC 27001：2005 の「A.6.2 外部組織」の管理目的及び、管理策「A.6.2.3 第三者との契約におけるセキュリティ」が供給者関係という形で表現を変えて取り込まれている。

ISO/IEC 27001:2005 の「第三者」が、ISO/IEC 27001:2013 では「供給者」となり、管理目的の対象がより明確になった。

ISO/IEC 27001：2013 の「A.15.1.1 供給者関係における情報セキュリティの方針」と「15.1.3 ICT サプライチェーン」は新規の管理策である。ICT 製品やサービスへの依存度が高まるに従い、ICT サプライチェーンの混乱や中断、及び契約上のトラブル発生などによる組織への影響度が高くなっている現実を踏まえ、供給者関係のリスクを低減するために導入されたものである。

ISO/IEC 27001 / JIS Q 27001

A.15.2 供給者のサービス提供の管理
　目的：供給者との合意に沿って、情報セキュリティ及びサービス提供について合意したレベルを維持するため。

A.15.2.1 供給者のサービス提供の監視及びレビュー
　管理策：組織は、供給者のサービス提供を定常的に監視し、レビューし、監査しなければならない。

A.15.2.2 供給者のサービス提供の変更に対する管理

> 管理策:関連する業務情報、業務システム及び業務プロセスの重要性、並びにリスクの再評価を考慮して、供給者によるサービス提供の変更(現行の情報セキュリティの方針群、手順及び管理策の保守及び改善を含む。)を管理しなければならない。

(a) 解説
■供給者のサービス提供の監視及びレビュー

継続的なサービスを提供する供給者(ICT 基盤のアウトソーシング、通信とネットワーク、情報システム開発・保守など)について、そのサービスの提供を監視、レビュー、監査を行い、サービス提供に対する合意の順守を確認しなければならない。

供給者に対する監視及びレビューでは、サービスの合意の順守を証明するための証拠(記録類)の作成を合意のなかに含めるべきであり、記録は、定期的な報告やレビューに使用するだけでなく、インシデントなどが発生した場合、過去に遡って原因を調査できる期間保持させるべきである。

また、供給者の提供するサービスをレビューする者は、レビュー報告や記録などを評価できる技術力を身に付けていることが望ましい。

■供給者のサービス提供の変更に対する管理

「A.15.2.1」の供給者が提供するサービスについて、リスクの変化に対応するためのサービス内容及びサービスレベルの変更について管理しなければならない。

サービス提供の変更に対する管理では、変更によって新たなリスクの発生や、情報セキュリティ提供レベルの低下が生じないようにすべきである。

どのような変化を管理すべきかについては、図表 11.4 に示す変化の対象と要因を考慮するとよい。

(b) ISO/IEC 27001：2005/JIS Q 27001：2006 との比較

管理目的「A.15.2　供給者サービス提供の管理」は、ISO/IEC 27001：2005 の「A.10.2　第三者が提供するサービスの管理」の項番変更である。なお、

11.3 附属書A「管理目的と管理策」の解説

図表11.4　変化の対象と要因

変化の対象	要因
組織側	事業方針の変更、事業の拡大又は縮小、M&Aによる新事業の取得、新しい業務システムの開発、業務プロセスの改良、インシデントの発生、利害関係者からの要求、リスクアセスメントの見直しなどによる受給サービスに対する要求の変化
供給者側	事業方針の変更、ネットワークの変更、新技術採用、新製品のリリースと旧製品のサポート終了、事業所の移転、提供中サービスのアウトソーシング、他社による事業の買収などによる供給サービスの変更提案

「A.10.2.1　第三者が提供するサービス」の管理策は、ISO/IEC 27001：2013の「A.15.2.1」に包含している。

ISO/IEC 27001：2005では、「第三者との合意」と「適切なレベルの実現」の関係があいまいであったが、ISO/IEC 27001：2013では、「合意に沿ったサービスを合意したレベルで維持する」ことが求められている。

また、ISO/IEC 27001：2013の「A.15.2.1」では「報告及び記録」が削除されているが、サービスの監視をするための手段はサービスの特性によるため、どのように監視、レビューするかは組織が決めることである。「常に監視」が「定常的に監視」と変更されたことについては、原文では"regularly monitor"で変更はなく、"regularly"には定期的や規則的などの意味があり、訳語の「定常的」には、一定していて変化しないという意味があることから、絶えず監視するというより、規則的に監視すると解釈するとよい。

(12) A.16　情報セキュリティインシデントの管理

ISO/IEC 27001 ／ JIS Q 27001

A.16.1　情報セキュリティインシデントの管理及びその改善
　目的：セキュリティ事象及びセキュリティ弱点に関する伝達を含む、情報セキュリティインシデントの管理のための、一貫性のある効果的な取組みを確実にするため。

A.16.1.1　責任及び手順
　管理策：情報セキュリティインシデントに対する迅速、効果的かつ順序だった対応を確実にするために、管理層の責任及び手順を確立しなければならない。

A.16.1.2　情報セキュリティ事象の報告
　管理策：情報セキュリティ事象は、適切な管理者への連絡経路を通して、できるだけ速やかに報告しなければならない。

A.16.1.3　セキュリティ弱点の報告
　管理策：組織の情報システム及びサービスを利用する従業員及び契約相手に、システム又はサービスの中で発見した又は疑いをもった情報セキュリティ弱点は、どのようなものでも記録し、報告するように要求しなければならない。

A.16.1.4　情報セキュリティ事象の評価及び決定
　管理策：情報セキュリティ事象は、これを評価し、情報セキュリティインシデントに分類するか否かを決定しなければならない。

A.16.1.5　情報セキュリティインシデントへの対応
　管理策：情報セキュリティインシデントは、文書化された手順に従って対応しなければならない。

A.16.1.6　情報セキュリティインシデントからの学習
　管理策：情報セキュリティインシデントの分析及び解決から得られた知識は、インシデントが将来起こる可能性又は影響を低減するために用いなければならない。

A.16.1.7　証拠の収集
　管理策：組織は、証拠となり得る情報の特定、収集、取得及び保存のた

めの手順を定め、適用しなければならない。

(a) 解説
■**責任及び手順**

　情報セキュリティインシデントが発生した場合に、効果的な対策を迅速に実施するための体制と手順を確立しなければならない。

　リスクアセスメントの結果、リスクレベルが高く、発生した場合の組織への影響がリスク受容水準を超えるようなインシデント(例：個人情報漏洩、マルウェア侵入など)について、あらかじめ対応手順を準備し、迅速に解決できるようにすべきである。

　インシデントに対する責任体制では、インシデントの規模と影響度によって責任をエスカレーションする仕組みと、専門的(法的、技術的など)な対応の必要性も含めて迅速な対応ができる体制と、連絡プロセスを確立すべきである。

　また、大きな組織では、1つの部署で発生したことが、他の部署でも発生する可能性が高いため、組織横断的な連絡体制が必要である。

■**情報セキュリティ事象の報告**

　情報セキュリティ事象の報告は、情報セキュリティインシデントへの対応のためだけでなく、情報セキュリティインシデントにつながるかもしれない事象(例：情報システムの大幅な処理の遅延、情報処理設備の異常音や誤動作など)や、ヒヤリ・ハット、事件・事故未遂を迅速に管理者に報告することにより、インシデントの発生前に予防処置を講じるために行われるべきである。

　人は、客観的な事象(情報システムや情報処理設備の異常など)を報告することをためらうことはないが、自分自身又は近しい者のヒヤリ・ハットや、事件・事故未遂を報告することをためらう傾向がある。

　報告されなかった情報セキュリティ事象が、情報セキュリティインシデントに発展することを防ぐために、ヒヤリ・ハットや事件・事故未遂を確実に報告させるための仕組みや組織環境・文化を整備・醸成すべきである。

■セキュリティ弱点の報告

情報セキュリティ事象と同様に、情報セキュリティ弱点も報告されなければならない。

情報セキュリティインシデントは、「脅威」(インシデントの潜在的な原因)と「ぜい弱性」(脅威によって付け込まれる可能性のある、資産又は管理策の弱点)が結びつくことによって生じるものである。

しかし、情報セキュリティ弱点を発見することは簡単ではない。従業員に対し、情報セキュリティの意識向上を図るとともに、どのようなことが情報セキュリティの弱点となるのかを理解させなければならない。

情報セキュリティの脅威と弱点の事例や考え方を周知し、確実に報告させるための仕組みや組織環境・文化を整備・醸成すべきである。

■情報セキュリティ事象の評価と判断

「A.16.1.2」で情報セキュリティ事象の報告を受ける管理者は、報告された事象が情報セキュリティインシデントであるかどうか、情報セキュリティインシデントであれば、組織に与える影響度はどの程度になる可能性があるのかを評価しなければならない。

重大なインシデントであれば、経営層まで報告し、組織全体の対応策を検討しなければならないであろうし、軽微なインシデントであれば、現場責任者のレベルで解決することも可能であろう。

情報セキュリティ事象の報告を受ける管理者が適切な判断ができるように、情報セキュリティインシデントの分類基準を確立し、その対応の優先付けや、管理層のどのレベルで対応すればよいかのエスカレーションルールも定めるべきである。また、専門のインシデント対応チームがある場合などは、インシデント対応チームと管理層の連携について明確なプロセスを確立すべきである。

「A.16.1.2」で考慮すべきは、「情報セキュリティ事象の報告」として求められるのは、明らかにインシデントである事象や、明確な要求事項への不適合(ルール違反)だけでなく、「情報セキュリティインシデントになり得る事象」が含まれる点である。

ISMSの重要な役目は予防的ツールとしての役割をもつことであり、インシ

デントの予防・防止のためには、「不確実性のある事象」の段階でその事象が報告されなければ意味がないということである。

■情報セキュリティインシデントへの対応

情報セキュリティインシデントは、「A.16.1.1」で定めた責任と手順によって対応しなければならない。

発生した情報セキュリティインシデントは、「A.16.1.4」で評価され、分類されたインシデントの対応の優先度に従って処理されるべきであるが、故意・悪意によるインシデントの場合は、法的処置(損害賠償、秘密情報の不正使用差止めなど)をとる可能性があるため、「A.16.1.7」の証拠の収集も含めて対応すべきである。

インシデントによる被害を最小限に留め、速やかな解決を図るには、関係機関(警察、消防、行政機関など)との連携も考慮すべきであり、風評被害による信用低下や信用不安を防ぐには、マスコミ対策も必要である。

また、インシデントの再発を防止するには、「箇条10.1　不適合及び是正処置」の要求事項に従って、正式な是正処置を検討すべきである。

■情報セキュリティインシデントからの学習

情報セキュリティインシデントは、分析し、再発防止に役立てるだけでなく、その解決のプロセスから得られた知識を、将来発生するかもしれないインシデントに対応するために役立てなければならない。

情報セキュリティインシデントは最初にセキュリティ事象として発見される場合が多く、その段階で対応していれば予防の段階で収められる可能性が高い。

多くの場合、予防にかかる費用(内部的な対応費用が主体)に比べ、インシデント対応に要する費用(再発防止や損害賠償、組織の信用やイメージ回復に要する費用)は桁違いに増加する。また、自組織におけるインシデント対応からの学習だけでなく、組織の外で起きているインシデントの分析結果も加えることで、組織の学習能力を高めることが望ましい。

■証拠の収集

情報セキュリティインシデントが、組織内の懲罰規程違反若しくは、法的対応の必要が想定される場合には、証拠となる情報を適切な手段で収集し、保存しなければならない。証拠となる情報(例：情報漏洩の起きたサーバのイベントログなど)は、証明力(根拠性、安定性)がなければならない。

また、イベントログなどで収集できる「何が起きたか」の情報だけではなく、インシデントの対象となった資産をどのように管理していたのか、インシデント発生時の時点でその管理は行われていたのかなど、周辺の状況も証拠として収集し、保全する必要がある。

例えば、秘密情報が漏えいした場合、組織内規程では、「秘密情報は、アクセスできる者を制限し、必要な者のみにアクセス権を与える」となっていて、当該情報がその対象であったとしても、秘密情報の入った共有サーバのフォルダのアクセス権を、組織内全員に公開するという設定にしていた場合、客観的に見れば秘密情報ではないということになってしまうからである。したがって、証拠となる情報の収集と保存・保管の手順は、法務担当者の助言を得て作成されるべきである。

■証拠の収集で考慮すべき事項の例 [33]

 a) 管理状況の一連の履歴
 b) 証拠の保全
 c) 要員の安全
 d) 関与する要員の役割及び責任
 e) 要員の力量
 f) 文書化
 g) 要点説明

デジタル形式の証拠に関しては、国際標準として『ISO/IEC 27037：2012 情報技術—セキュリティ技術—デジタル証拠の識別、収集、取得及び保全の指針』があるが、2014年3月時点で邦訳版は発行されていないため、日本語で

---

[33]　ISO/IEC 27002：2013 の実施の手引きからの引用。

の情報を必要とする読者は、ISO/IEC 27002：2013「箇条 16.1.7　証拠の収集」にある「実施の手引き」、及び「特定非営利活動法人デジタル・フォレンジック研究会」がホームページ上で発表している「証拠保全ガイドライン　第2版」(2012年)などを参照するとよい。

(b)　ISO/IEC 27001：2005/JIS Q 27001：2006 との比較

　管理目的「A.16.1　情報セキュリティインシデントの管理及びその改善」は、ISO/IEC 27001：2005 の「A.13.1　情報セキュリティの事象及び弱点の報告」と「A.13.2　情報セキュリティインシデントの管理及びその改善」を統合し、項番を変更したものである。ただし、「A.16.1.4　情報セキュリティ事象の評価と決定」と「A.16.1.5　情報セキュリティインシデントへの対応」は新規の管理策である。

　「A.16.1.1」から「A.16.1.7」までの一連の管理策によって、情報セキュリティインシデントの管理をPDCAの流れに沿って要求する形となったため、個々の管理策の位置付けが明確になり、対応しやすくなっている。

(13)　A.17　事業継続マネジメントにおける情報セキュリティの側面

ISO/IEC 27001 ／ JIS Q 27001

A.17.1　情報セキュリティ継続
　目的：情報セキュリティ継続を組織の事業継続マネジメントシステムに組み込まなければならない。

A.17.1.1　情報セキュリティ継続の計画
　管理策：組織は、困難な状況(adverse situation)(例えば、危機又は災害)における、情報セキュリティ及び情報セキュリティマネジメントの継続のための要求事項を決定しなければならない。

A.17.1.2　情報セキュリティ継続の実施

> 管理策：組織は、困難な状況の下で情報セキュリティ継続に対する要求レベルを確実にするための、プロセス、手順及び管理策を確立し、文書化し、実施し、維持しなければならない。

A.17.1.3　情報セキュリティ継続の検証、レビュー及び評価
> 管理策：確立及び実施した情報セキュリティ継続のための管理策が、困難な状況の下で妥当かつ有効であることを確実にするために、組織は、定められた間隔でこれらの管理策を検証しなければならない。

(a)　解説
■情報セキュリティ継続の計画

　組織には、BCM（Business Continuity Management：事業継続マネジメント）又は、DRM（Disaster Recovery Management：災害復旧マネジメント）による対応を必要とする場面がある。例えば、地震や風水害などの自然災害、強毒性新型インフルエンザの流行、テロや暴動、サイバー攻撃などにおいて、継続的に必要とされる情報セキュリティ及び情報セキュリティマネジメントの要求事項を決定しなければならない。火災の発生時には、人命を守るためにただちに避難しなければならないが、情報記憶媒体や情報処理設備を第三者がアクセス可能な状態で放置した場合、火災の混乱に乗じて情報の盗難（例えば、火事場泥棒による機密性の喪失）に遭うかもしれない。

　また、火災ですべてが焼失したり、津波ですべてが流されたりするという事態になった場合に、データのバックアップを安全な場所に確保しておかなかった場合、事業を復旧するために必要な情報[34]が消滅してしまい、情報セキュリティ（可用性）の喪失により、事業の継続ができないか極めて困難となる可能性が高い。

　BCMやDRMの状況において、継続しなければならない情報セキュリティ又は、BCMやDRMのために必要な情報セキュリティの要件を定めるため、

---

[34]　例えば、顧客情報、受注・売上管理情報、製品出荷・在庫情報、経理・財務情報、技術研究・開発情報、サービス提供システムなどである。

BCM や DRM の作成に合わせて、優先度の高い事業とそれを構成する業務の情報セキュリティに関連する BIA（Business Impact Analysis：事業影響度分析）を実施すべきである。

■情報セキュリティ継続の実施

「A.17.1.1」で定めた情報セキュリティ要求事項に基づいて、情報セキュリティ継続の手順（例：バックアップからのシステム再構築手順など）や事前対策（バックアップの隔地保管、高震度倒壊対策など）を確立し、文書化し、実施しなければならない。

情報セキュリティ継続の手順策定では、発生した事象（自然災害など）によって、生じる影響を特定し、それぞれの影響によって生じる事態に対応する行動計画を策定すべきである[35]。

■情報セキュリティ継続の検証レビュー及び評価

組織は、情報セキュリティ継続の手順や事前準備が、実際の場面で有効であることを確認するために、定期的に検証しなければならない。

情報システムの再構築手順書などは、小さなミスがあっても作業全体が停止してしまう恐れがある。普段、業務で運用している技術者であれば、手順書の誤りに気付くことができるかもしれないが、代替要員にはそれを発見することができず、手順書全体が役に立たない可能性がある。このようなミスは、実際の場面を想定したテストや訓練で発見し、修正することができる。

また、BCM や DRM の事態が発生した場合には、交代技術者を含め非日常的な出来事に直面すると、人は大きなストレスのために、普段できることでも失敗してしまう可能性が高くなる。災害などの事態が発生してから慌てるのではなく、定期的なテストと訓練によってあらかじめ作成した手順に従い、落ち着いて作業が遂行できるようにすべきである。

---

35) 例えば、情報システムの可用性の確保について、「システム運用技術者が不足する」という事態に対し、代替要員の訓練とシステムの運用及び再構築作業に対する詳細な作業マニュアルの作成を行い、要員が不足する事態が発生した場合に、管理者の指示で代替要員による運用を開始するなどである。

(b) ISO/IEC 27001：2005/JIS Q 27001：2006 との比較

　管理目的の対象が、「情報システムの重大な故障又は災害の影響からの事業活動の中断」と「事業活動及び重要な業務プロセスの時機を失しない再開」から、「情報セキュリティ継続」に変更された。

　これは、一見大きな変更に見えるが、情報セキュリティはCIA（＝機密性、完全性、可用性）の喪失からの保護であり、その継続ということは、これまでの管理目的を包含したものであるといえる。例えば、「情報システムの重大な故障又は災害の影響からの事業活動の中断」は可用性（情報及び情報処理設備へのアクセスなど）及び完全性（情報が正確である、破壊されず揃っているなど）の喪失であるため、可用性の継続を事業継続マネジメント（BCM）に組み込むことと同義である。

　「事業活動及び重要な業務プロセスの時機を失しない再開」は、組織のBCMに組み込むことによって達成されるため、これも従来の対応で対応可能である。

　しかし、「機密性」に関しては、ISO/IEC 27001：2005 の事業継続管理には明示されていなかった要求であり、これまで対応していなかった組織は、改めて検討し、対応すべきである。例えば、パンデミック対策や、大地震による交通機関の停止などに対応するために、通常は禁止している外部ネットワーク（例：自宅の私有PC）から組織の内部ネットワーク内の情報へアクセスを許可するなどの場合は、一時的な避難処置とはいえ、機密性に関するぜい弱性を増大させるため、やみくもに行うのではなく、あらかじめセキュリティ対策[36]を確立したうえで事業継続の際に許可すべきである。

　また、緊急事態が治まった時点で、速やかに臨時の処置を解除し、情報セキュリティの管理レベルを回復することが望ましい。

　ISO/IEC 27001：2013 の情報セキュリティ継続は、その策定手順や、考え方が示されていないため、情報セキュリティ継続に取り組む組織の担当者は、『ISO 22301：2012』を参照するとよい[37]。

---

36) 例えば、VPN接続、ワンタイムパスワード、ハードウェアトークンなど、通信の安全性確保と外部からのアクセス認可プロセスの導入である。
37) 具体的な手順や参考事例を知りたい場合は、『ISO 22301 で構築する事業継続マネジメントシステム』（日科技連出版社、2013年）を参照されたい。

> ISO/IEC 27001 / JIS Q 27001
>
> A.17.2　冗長性
> 　目的：情報処理施設の可用性を確実にするため。
>
> A.17.2.1　情報処理施設の可用性
> 　管理策：情報処理施設は、可用性の要求事項を満たすのに十分な冗長性をもって、導入しなければならない。

(a)　解説

■情報処理施設の可用性

　事業継続に関連する情報セキュリティでは、情報処理施設の可用性を確保するため、十分な冗長性をもたせる必要がある。例えば、災害の想定で「サーバ室のある建物は壊れない」「停電は3日で回復する」「公衆ネットワークは停止しない」「情報システム技術者が全員出社できなくなることはない」などと決めても、そのとおりになるとは限らない。

　想定した災害シナリオにこだわり過ぎず、情報処理施設の可用性について、「何が起きてはならないのか」「それは起きる可能性があるのか」「起きた場合、組織に与えるダメージは受容可能なのか」などを考慮し、発生する可能性のある事象とその影響に対し、冗長性[38]をもたせることで低減できるリスクの効果が大きければ、冗長化を実施すべきである。

　冗長化を決定するには、拠点、通信、電源、設備、技術要員、ソフトウェア、データなど、情報システムの構成要素について、その可用性が失われることの影響度によって、どのような冗長性をもたせるべきかを検討する必要がある。

---

[38]　冗長性（redundancy）：情報システムの障害や停止に備え、ICT設備・機器や通信回線などを複数用意し、並列で運用したり、すぐ使える状態で待機させたりすることで情報システムが使用できなくなる事態を防止したり、停止時間を短縮したりすることを冗長化と呼び、それによって得られる安全性を冗長性と呼ぶ。

(b) ISO/IEC 27001：2005/JIS Q 27001：2006 との比較

新しい管理目的が創設された。

ISO/IEC 27001:2005 では直接的な冗長性に対する管理策がなかったが、「情報処理施設の冗長性」として具体的な要求ができた。

可用性を高める手段として、冗長性は有効な手段であるが、設備・機器や通信契約の二重化などにより、コストが高くなるという特性をもつ。

要求事項に、「可用性の要求事項を満たす」という記述があるように、すべての情報処理施設の冗長性を求めているわけではない。

組織は、情報セキュリティリスクアセスメントの結果、どのような冗長性をもたせるべきかを検討しなければならない。また、この管理策の目的は、「可用性」の確保にあるため、クラウドサービスの採用や、データセンターの利用なども考慮し、コスト効率化も考慮することが望ましい。

(14) A.18 順守

```
ISO/IEC 27001 / JIS Q 27001
```

A.18.1　法的及び契約上の要求事項の順守
　目的：情報セキュリティに関連する法的、規制又は契約上の義務に対する違反、及びセキュリティ上のあらゆる要求事項に対する違反を避けるため。

A.18.1.1　適用法令及び契約上の要求事項の特定
　管理策：各情報システム及び組織について、全ての関連する法令、規制及び契約上の要求事項、並びにこれらの要求事項を満たすための組織の取組みを、明確に特定し、文書化し、また、最新に保たなければならない。

A.18.1.2　知的所有権
　管理策：知的財産権及び権利関係のあるソフトウェア製品の利用に関連する、法令、規制及び契約上の要求事項の順守を確実にするための適

A.18.1.3 記録の保護
　管理策：記録は、法令、規制、契約及び事業上の要求事項に従って、消失、破壊、改ざん、認可されていないアクセス及び不正な流出から保護しなければならない。

A.18.1.4 プライバシー及び個人を特定できる情報（PII）の保護
　管理策：プライバシー及びPIIの保護は、関連する法令及び規制が適用される場合には、その要求に従って確実にしなければならない。

A.18.1.5 暗号化機能に対する規制
　管理策：暗号化機能は、関連する全ての協定、法令及び規制を順守して用いなければならない。

(a) 解説
■適用法令及び契約上の要求事項の特定
　組織は、自分の組織の特徴によって対応が必要となる、順守すべき法令、規制、及び契約上の要求事項を明確にし、それらの要求事項に対する取組みの特定と文書化をしなければならない。
　情報セキュリティに関連した法令には、情報システムに関連した刑法[39]、不正アクセス行為の禁止等に関する法律、不正競争防止法、個人情報保護法、電気通信事業法、有線電気通信法、著作権法、電子署名及び認証業務に関する法律などがある。
　各法令にはそれぞれ成立する要件がある[40]ため、組織が関連するとした法令について、その成立要件を確認し、採用した管理策にその対応を組み込む必

---

39) 電磁的記録不正作出及び共用、電子計算機損壊等業務妨害、電子計算機使用詐欺など。
40) 例えば、不正競争防止法では、営業秘密が保護の対象であるが、「①秘密として管理されていること。②有用な情報であること。③公然と知られていないこと」の3つの条件が満たされないと適用されない。

要がある。単に、適用法令の名前を列記していたのでは情報セキュリティの役には立たない。その法令が何を要求し、組織はどのように行動すべきなのかが明文化されていることを確認すべきである。

規制については、金融庁(銀行、保険)や総務省(通信)、厚生労働省(派遣、採用、医療)など監督官庁の規制、要求などが該当する場合は、その内容を管理策に組み込むことが望ましい[41]。

■知的所有権(IPR)

知的所有権"IPR"(Intellectual Property Right)及び権利関係のあるソフトウェア製品を使用する場合は、関連する法令(特許権、実用新案権、育成者権、意匠権、著作権、商標権など)、規制要求事項を順守するための手順を確立し、実施しなければならない。

組織が自ら開発するソフトウェアであっても、著作権のあるロジックを採用したプログラムの組込みや、公開されているソースコードの利用、Web サイトのデザインなどについて、著作権法や意匠権などによる権利の要求(使用料請求、損害賠償、利用の差止めなど)を受ける可能性がある。

組織は、ソフトウェアのライセンスや知的財産権のあるソースコードの利用を管理するための仕組みを確立すべきである。

■記録の保護

組織の記録は、法定保存期間のあるもの(例:労働基準法、商法、税法、会社法、医師法などに基づく記録)や、各種規制及び契約で期間が定められている記録は、期限内の消失、破壊、改ざんから保護しなければならない。また、不正アクセスや不正流出からも保護しなければならない。

法定保存期間などの強制がない記録は、組織の事業上の必要に応じて決められていればよいが、イベントログ・監査ログなどは、一定期間遡れるだけの期間が設定されていないと、情報漏えいなどの事件が発覚しても、原因を追究す

---

41) 情報セキュリティに関連する法令の対応に関しては、一般財団法人日本情報経済社会推進協会(JIPDEC)が提供する『法規適合性に関するISMSユーザーズガイド』や経済産業省が提供する『情報セキュリティ関連法令の要求事項集』などを参照するとよい。

ることはできない。

「物」の盗難と違い、ネットワーク上の情報盗難などは、「複製の盗難」であり、オリジナルの情報が残っているため、盗難にあったということに気付くのが困難である。これまでの情報漏えい事件を見ても、情報が漏えいしたことに組織が気付くのは、漏えいした情報が犯罪などで悪用されたり、インターネット上で公開されたりした場合であり、情報の盗難が行われた時点から半年から1年以上の期間が過ぎている場合が多い。

また、長期間保存を求められる記録では、媒体(紙、磁気テープ、光磁気ディスクなど)の劣化による損壊や、電子データの読取装置の製造中止などによる判読不能などのリスクがあり、定期的に保存状態の確認や読取装置の動作テストなどを行うべきである[42]。

記録の管理を適切に行うには、「A.8.3　媒体の取扱い」「A.9　アクセス制御」「A.11　物理的及び環境的セキュリティ」と合わせて対応策を決めるべきである。

■プライバシー及び個人を特定できる情報(PII)の保護

プライバシー及びPII(Personality Identifiable Information)の保護について、「個人情報保護法」や「憲法第一三条の一」に基づいて管理しなければならない。

憲法第一三条の一では、「すべて国民は、個人として尊重される。生命、自由及び幸福追求に対する国民の権利については、公共の福祉に反しない限り、立法その他の国政の上で、最大の尊重を必要とする」と記述され、プライバシーや肖像権の根拠となっている。また、個人情報取扱い事業者に該当する組織は個人情報保護法(行政機関は「行政機関個人情報保護法」)に従って、保有する個人情報の保護をしなければならない。

個人情報保護法における「個人情報取扱い事業者」は、個人情報を過去6カ月間で1回でも5,000件を超えたことがある事業者ということであるが、取り扱う個人情報が5,000件を下回っているとしても、社会的な個人情報に対する

---

[42]　媒体の使用期限の例：酸性紙＝20年、中性紙＝150年、和紙＝1000年、CDR/RW＝10年、フラッシュメモリ＝10年、HDD＝5年など、利用環境によっても異なる。

要求の高さに鑑み、個人情報取扱い事業者に準じた対応をすべきである。

■暗号化機能に対する規制

　暗号化機能をもつソフトウェアや装置を海外に持ち出す場合、自国及び相手国の法律等を確認し、法令及び規制に対する違反をしないようにしなければならない。

　諸外国は、軍事機密に該当するような高度な暗号化技術を除き、市販のソフトウェアに採用されている暗号技術などは規制の対象外としている。市販のソフトウェアでも規制のある国としては、中国（事前申請）、フランス（自己使用の範囲であればOK）、ロシア（不可）、イスラエル（自己使用の範囲であればOK）などがあり、それぞれの国の規制に合わせた対応が必要である。

（b）　ISO/IEC 27001：2005/JIS Q 27001：2006との比較

　管理目的「A.18.1　法的及び契約上の要求事項の順守」は、ISO/IEC 27001：2005の「A.15.1」からの項番変更である。ただし、ISO/IEC 27001：2005の「A.15.1.5　情報処理施設の不正使用防止」は、ほかの管理策（「A.8.1.3　資産利用の許容範囲」など）でカバーされているため削除された。

　「A.18.1.3　記録の保護」では、「認可されていないアクセス及び不正な流出からの保護」の要求が追加されている。他の管理策に関しては、表現の変更はあるが要求内容としては変更されていない。

ISO/IEC 27001 / JIS Q 27001

A.18.2　情報セキュリティのレビュー
　目的：組織の方針及び手順に従って情報セキュリティが実施され、運用されることを確実にするため。

A.18.2.1　情報セキュリティの独立したレビュー
　管理策：情報セキュリティ及びその実施の管理（例えば、情報セキュリティのための管理目的、管理策、方針、プロセス、手順）に対する組織の取組みについて、あらかじめ定めた間隔で、又は重大な変化が生

> じた場合に、独立したレビューを実施しなければならない。
>
> A.18.2.2　情報セキュリティのための方針群及び標準の順守
> 　管理策：管理者は、自分の責任の範囲内における情報処理及び手順が、適切な情報セキュリティのための方針群、標準類、及び他の全てのセキュリティ要求事項を順守していることを定期的にレビューしなければならない。
>
> A.18.2.3　技術的順守のレビュー
> 　管理策：情報システムを、組織の情報セキュリティのための方針群及び標準の順守に関して、定めに従ってレビューしなければならない。

(a)　解説

■情報セキュリティの独立したレビュー

　組織の情報セキュリティ及びそのマネジメントが組織の定めに従って実施されていることをレビューしなければならない。

　一般的に、このレビューは、本文の「箇条9.2　内部監査」及び「箇条9.3　マネジメントレビュー」に基づいて行われているが、組織内に内部監査を遂行できる力量のある要員がいなければ、外部の専門家に委託(委託内部監査)してもよい。また、必要であれば、その他の監査(システム監査や業務監査)などを内部監査を補完する形で活用してもよい。

　レビュー(内部監査)の間隔は、通常、組織の事業年度に合わせて行われるため、1年に1回(大きな組織では、全体を2回に分けて行う場合もある)実施する場合が多い。

■情報セキュリティのための方針群及び標準の順守

　「A.6.1.1　情報セキュリティの役割及び責任」「A.8.1.2　資産の管理責任」などで定められた管理者は、自分の責任の範囲内における情報処理及び、手順が、組織の定めに従って順守されていることを定期的にレビューしなければならない。この管理策で要求されているのは、「A.18.2.1」の内部監査ではなく、

情報セキュリティの管理者自身によるモニタリング及び自己レビュー(セルフチェック)である。

モニタリングを効率的に行うには、クライアントPCなどを監視する端末監視ツールや、イベントログ解析ツール、アンチウィルスソフトのコーポレートバージョン、その他セキュリティ対策が適用されていることを確認できるツールの利用を検討するとよい。

また、ツールではモニタリングできない管理策(クリアデスク、資産の持出し、媒体の管理など)に関しては、定期的な職場点検などが効率的である。

■技術的順守のレビュー

情報システムのセキュリティは、「A.9　アクセス制御」「A.10　暗号」「A.12　運用のセキュリティ」「A.13　通信のセキュリティ」「A.14　システムの取得、開発及び保守」に関連する方針群、標準に対する順守をレビューしなければならない。

特に、情報セキュリティの技術的標準(サーバや通信機器などのセキュリティ設定など)は、組織の技術者だけでは適切なレビューが困難な場合、専門業者によるぜい弱性診断などで技術的な弱点の点検・診断を行うこともできる。

ぜい弱性診断には、外部及び内部からのネットワーク診断や、サーバセキュリティ診断、Webアプリケーション診断など、さまざまな観点からの診断を行うことが望ましい。

(b)　ISO/IEC 27001：2005/JIS Q 27001：2006との比較

管理目的「A.18.2　情報セキュリティのレビュー」は、ISO/IEC 27001：2005の「A.15.2　セキュリティ方針及び標準の順守、並びに技術的順守」からの項番変更と、「A.6.1.8　情報セキュリティの独立したレビュー」の編入である。

ISO/IEC 27001：2005の管理目的では「システムの順守」となっていたが、新しい管理目的では、「情報セキュリティが実施され、運用される」ことを求めており、情報セキュリティの適用範囲すべてが対象であることが示された。

管理目的(管理策)の適用範囲が拡大された以外は、表現が変更されたが要求内容としては変更されていない。

参 考 文 献

[1] 日本工業標準審議会(審議):『JIS Q 27001:2014(ISO/IEC 27001:2013) 情報技術—セキュリティ技術—情報セキュリティマネジメントシステム—要求事項』、日本規格協会、2014年

[2] 日本工業標準審議会(審議):『JIS Q 27002:2014(ISO/IEC 27002:2013) 情報技術—セキュリティ技術—情報セキュリティ管理策の実践のための規範』、日本規格協会、2014年

[3] 日本工業標準審議会(審議):『JIS Q 27000:2014(ISO/IEC 27000:2014) 情報技術—セキュリティ技術—情報セキュリティマネジメントシステム—用語』、日本規格協会、2014年

[4] 日本工業標準審議会(審議):『JIS Q 31000:2010(ISO 31000:2009) リスクマネジメント—原則及び指針』、日本規格協会、2010年

[5] 日本工業標準審議会(審議):『JIS Q 0073:2010(ISO Guide 73:2009) リスクマネジメント—用語』、日本規格協会、2010年

[6] 日本規格協会:「(対訳)統合版ISO補足指針—ISO専用手順」『ISO/IEC専門業務用指針 第1部 附属書SL 第4版』、2013年

[7] 経済産業省:「情報セキュリティ関連法令の要求事項集」、2012年(http://www.meti.go.jp/policy/netsecurity/docs/secgov/2010_JohoSecurityKanrenHoreiRequirements.pdf)

[8] 日本情報処理開発協会:「法規適合性に関するISMSユーザーズガイド」、2009年(http://www.isms.jipdec.or.jp/doc/JIP-ISMS115-20.pdf)

[9] 特定非営利活動法人デジタル・フォレンジック研究会:「証拠保全ガイドライン 第2版」、2012年(http://www.digitalforensic.jp/eximgs/20120713gijutsu.pdf)

[10] NTT情報流通プラットフォーム研究所:「デジタル証拠の法的証明力を担保する情報セキュリティ設計」、2010年(http://www.digitalforensic.jp/archives/2010/1007.pdf)

[11] 日立ソリューションズホームページ:「秘文関連製品 輸出管理許可要否について」、2014年(http://www.hitachi-solutions.co.jp/hibun/sp/support/foreign.html)

[12] 情報処理振興事業協会:「暗号技術における政策動向調査報告書」、2000年(http://www.ipa.go.jp/files/000011786.pdf)

索　引

【英数字】

Annex SL　8, 9, 10, 20, 44, 54, 106
areas of impacts　12
Asset　11
Asset owner　12
audit　35
availability　24
BCM　200
causes　12
CD　5
Committee Draft　5
competence　74
confidentiality　24
consequence　30, 59
control　29
control objective　30
corrective action　35
DIS　5
DMZ　175
documented information　21
Draft International Standard　5
DRM　200
EDI　176
effectiveness　34
event　27, 59
events　12
FDIS　5
Final Draft International Standard
　5
ICT基盤の管理　190
ICTサプライチェーン　189

IEC　5, 6
IM　176
information security　24
information security incident　25
information security objective　13
integrity　24
interested party　21
International Electrotechnical
　Commission　5
International Organization for
　Standardization　5
International Standard　5
IPA　117
IPR　206
IS　5
ISMS　2
　――管理責任者　74
　――固有テキスト　10, 11
　――事務局　116
　――推進責任者　116
　――内部監査員　74
　――内部監査責任者　116
　――認証基準（審査基準）　3
　――の構築・運用の推進者　74
　――の変更　105
　――の有効性　16, 17, 47, 94
ISO　5, 6
ISO 31000　11
ISO Guide 73　11, 12, 20
ISO/IEC 27000　20
　――ファミリー規格　3
Joint Technical Committee 1　5

212

JPCERT/CC   117
JTC 1   5, 6
level of risk   29
likelihood   30, 59
management system   24
measurement   35
monitoring   34
MSS   44, 54
New work item Proposal   5
nonconformity   35, 90
NP   5
NTP サーバ   168
objective   27, 54
opportunity   54
organization   21
OS のキーロック   157
outcome   59
PDCA   44
　　——サイクル   44, 47
　　——モデル   44
performance   34
PII   187, 207
Plan-Do-Check-Act   44, 107
policy   21
potential consequences   12
residual risk   29
risk   11, 13, 26
risk acceptance   29
risk assessment   28
risk criteria   28
risk owner   12, 29
risk sources   12, 30
risk treatment   28
SC 27   5, 6
SLA   175

SNS   176
SP   5
SQL インジェクション   163
Study Period   5
Sub Committee 27   5
TAG   6
Threat   11
TMB   6
top management   21
URL フィルタリング   163
VPN   175
Vulnerability   11
WD   5
Web アプリケーション診断   210
WG 1   5, 6
Working Draft   5
Working Group 1   5

【ア 行】

アウトソーシング   192
アクセス権の削除又は修正   137
アクセス制御   135, 190
　　——に対する業務上の要求事項   135
アクセス制御方針   134
アプリケーションサービス   179
　　——のトランザクションの保護   179
暗号   145
暗号化技術   146
暗号化機能   208
　　——に対する規制   205
暗号による管理策   146
　　——の利用方針   146
暗証番号   139

213

索 引

一貫性　58
　——及び妥当性　56
イベントログ取得　166
イメージバックアップ　164
イレーサー　156
インストール　170
インターネットファイル交換　176
インターフェース及び依存関係
　41, 42
インタプリタ　144
受渡場所　148
運用環境　161
運用システム　172
　——に関わるソフトウェアの導入
　　169
運用ソフトウェアの管理　169
運用データ　187
運用の計画及び管理　88
運用のセキュリティ　158
運用の手順及び責任　159
影響　54
　——を受ける領域　12
エンティティ　24
応対スペース　149
起こりやすさ　30, 57, 59
オフィス、部屋及び施設のセキュリティ　148
オペレーティングプラットフォーム
　181
　——変更後のアプリケーションの技術的レビュー　181

【カ　行】

開発及びサポートプロセスにおけるセキュリティ　181

開発環境　161
開発環境、試験環境及び運用環境の分離　159
外部委託　88, 182
　——による開発　182
　——の管理　89
外部及び環境の脅威からの保護
　148
外部及び内部の課題　38, 42
外部ネットワーク　175
外部文書　85
鍵管理　146
隔地保管　201
カスタマイズ　184
可用性　2, 24
関係当局との連絡　115
仮想私設ネットワーク　175
監査　35
　——員　98
　——活動　172
　——基準　97, 98
　——証拠　97
　——ツール　145
　——範囲　97
　——プロセス　97
　——報告　98
監視　34
監視、測定、分析及び評価　94
監視及び測定　95
完全消去　133
　——ソフト　133
完全性　2, 24
監督官庁　116
管理策　29, 110
　——の決定　63

索 引

管理目的　30, 110
記憶媒体　156
機会　54
技術的順守のレビュー　209
技術的ぜい弱性　170, 171
　——の管理　170
技術的標準　210
技術的レビュー　183
機密性　2, 24
客観性及び公平性　98
脅威　11
境界及び適用可能性　41
供給者関係　188
　——における情報セキュリティ　188
　——のための情報セキュリティの方針　188
供給者との合意におけるセキュリティの取扱い　188
供給者のサービス提供の監視及びレビュー　191
供給者のサービス提供の管理　191
供給者のサービス提供の変更に対する管理　191
共通鍵方式　146
共通テキスト　9
共通の用語及び中核となる定義　9, 10
共通マネジメントシステム規格　44
共有ID　138
記録　79
　——の保護　205
クリアデスク・クリアスクリーン方針　153
クロックの同期　166

経営資源　73
　——の提供　91
経営陣　46
　——の責任　123
警察　116
警視庁サイバー犯罪対策課　117
継続的改善　107
刑法　205
ケーブル配線のセキュリティ　152
結果　12, 30, 59
結末　59
原因　12
公開鍵方式　146
構外にある装置及び資産のセキュリティ　152
公共スペース　149
公衆ネットワーク　179
　——上のアプリケーションサービスのセキュリティの考慮　179
　——網　136
国際規格　3
　——開発・改正　4
国際電気標準会議　5
国際標準化機構　5
個人情報保護法　207
コミットメント　46, 48
コミュニケーション　77
　——の相手と手段　78
　——の必要性　78
雇用期間中　123
雇用条件　122
雇用の終了又は変更　125
　——に関する責任　125
雇用前　121
コンパイル　144

215

索 引

コンピューターウイルス　163

【サ 行】

サーバ管理者　138
サーバセキュリティ診断　210
サービスパック　184
サービスレベルアグリーメント　175
在宅勤務　155
再発防止　105
作成及び更新　82
サニタイジング　185
差分バックアップ　164
サポートユーティリティ　152
残存磁気　156
残留リスク　29, 63, 65
　——の受容　62
磁気記録媒体　156
事業継続マネジメントシステム　199
事業継続マネジメントにおける情報セキュリティの側面　199
資源　72
試験データ　187
　——の保護　187
資産　11
　——管理責任者　130
　——に対する責任　127
　——の移動　152
　——の管理責任　127
　——の管理責任者　12
　——の取扱い　130
　——の返却　128
　——の利用者　128
　——目録　127
　——利用の許容範囲　127
事象　12, 27, 59
システム及びアプリケーションのアクセス制御　141
システム開発のライフサイクル　182
システム管理者　138
システムセキュリティの試験　182
システムの受入れ試験　182
システムの取得、開発及び保守　178
システムの変更管理手順　181
実務管理者ID　138
実務管理者及び運用担当者の作業ログ　166
執務スペース　149
市販ソフト　169
修正　105
　——と是正　105
順守　204
証拠　79
　——の収集　194
消磁装置　133, 156
冗長化　153, 203
冗長性　203
消防　116
情報システム開発　179
情報システム設計・開発者　74
情報システムの監査に対する管理策　172
情報システムの監査に対する考慮事項　172
情報システムのセキュリティ要求事項　178
情報処理施設の可用性　203

216

索 引

情報セキュリティ　2, 24
情報セキュリティアセスメント　89
情報セキュリティ委員会　116
情報セキュリティインシデント
　25, 193
　　――からの学習　194
　　――の管理　192
　　――の管理及びその改善　193
　　――への対応　194
情報セキュリティ技術者　74, 116
情報セキュリティ継続　199
　　――の計画　199
　　――の検証、レビュー及び評価
　　　200
　　――の実施　199
情報セキュリティ事象　25
　　――の評価及び決定　194
　　――の報告　194
情報セキュリティ弱点　194
情報セキュリティの意識向上、教育及
　び訓練　123
情報セキュリティのための経営陣の方
　向性　112
情報セキュリティのための組織
　114
情報セキュリティのための方針群
　111, 112
　　――及び標準の順守　209
　　――のレビュー　113, 114
情報セキュリティの独立したレビュー
　208
情報セキュリティの役割及び責任
　115
情報セキュリティのレビュー　208
情報セキュリティパフォーマンス
　16, 17, 73, 94, 99
情報セキュリティ方針　12, 47, 48,
　49, 66, 67
情報セキュリティマネジメントシステ
　ム（ISMS）　2
情報セキュリティ目的　12, 13, 47,
　48, 49, 66, 88
　　――の達成　99
　　――を達成するための計画　69
情報セキュリティ要求事項の分析及び
　仕様化　178
情報セキュリティリスク　56
　　――アセスメント　12, 57
　　――アセスメントのプロセス　56
　　――対応　12, 61, 91
　　――対応計画　62, 66, 91
　　――対応の活動　88
　　――対応の選択肢　63
　　――の特定　58, 61
　　――の評価　61
　　――の分析　59
　　――評価　91
情報転送　176
　　――に関する合意　176
　　――の方針及び手順　176
情報ネットワーク法学会　117
情報の転送　176
情報のバックアップ　164
情報の分類　130
情報のラベル付け　130
情報へのアクセス制限　142
職場点検　210
職務の分離　115
人的資源のセキュリティ　121
信頼性　24

217

索 引

スクリプト　163
スパイウェア　163
スポット保守　154
ぜい弱性　11, 90
　——診断　210
生体認証　139
責任及び権限　50
責任及び手順　194
責任追跡性　24
セキュアスペース　149
セキュアプログラミング　185
セキュリティ機能　182
セキュリティ事象　193
セキュリティ弱点の報告　194
セキュリティに配慮した開発環境　182
セキュリティに配慮したシステム構築の原則　182
セキュリティに配慮したログオン手順　142
セキュリティ配慮した開発のための方針　181
セキュリティパッチ　163, 184
セキュリティを保つべき領域　147
　——での作業　148
是正処置　35, 90, 104
　——の決定と有効性のレビュー　105
セッション管理　185
選考　121
専門スペース　149
専門組織　117
　——との連絡　115
操作手順書　159
装置　151

——のセキュリティを保った処分又は再利用　152
——の設置及び保護　152
——の保守　152
増分バックアップ　164
総務省　117
測定　35
組織　21
　——の外部の状況　38
　——の情報セキュリティ目的　67
　——の内部の状況　39
　——の目的　38
ソフトウェアのインストールの制限　170

【タ　行】

第1作業グループ　5
第27副委員会　5
第一合同技術委員会　5
退職者のID　140
妥当性　58
知的所有権　204
懲戒手続　124
通信ケーブル　152
通信の管理　190
定期保守　154
データマネジメント　185
適合性　97
適正処置　190
適用宣言書　62, 64
適用範囲　41, 42
適用法令及び契約上の要求事項の特定　204
テスト環境　161
テレワーキング　119

索 引

電源ケーブル　152
電子記録媒体　133
電子的アクセス　134
電子的メッセージ通信　176
電子メール　176
盗難対策　134
特権的アクセス権の管理　137
特権的なユーティリティプログラムの
　　使用　142
トップマネジメント　21, 46, 48, 50,
　67, 99, 100, 115
トピック固有の個別方針　113
トランザクション　179
　──処理　180
取外し可能な媒体の管理　132
トロイの木馬　163

【ナ　行】

内蔵記憶装置　157
内蔵記録媒体　156
内部監査　96, 98
　──員　98
内部組織　114
内部ネットワーク　175
日本 ISMS ユーザーグループ　117
日本セキュリティ監査協会　117
日本ネットワークセキュリティ協会
　117
認識　75
ネットワーク　135
　──及びネットワークサービスへの
　　アクセス　135
　──管理策　173
　──管理者　138
　──サービスのセキュリティ
　　173
　──診断　210
　──セキュリティ管理　173
　──の境界　174
　──の分離　174

【ハ　行】

バージョンアップ　169
バーチャル環境　161
ハードウェアトークン　139
媒体更新期限　82
媒体の処分　132
媒体の取扱い　132
パスワード管理システム　142
パスワード付きスクリーンセーバー
　157
パスワード認証　139
パスワードの管理　141
バックアップ　164
パッケージソフトウェア　182
　──の変更に対する制限　181
パフォーマンス　16, 34, 94
　──の報告　50
比較可能　58
　──で再現可能な結果　94
　──な結果　56
光磁気ディスク　156
否認防止　24, 180
秘密認証情報　141
　──の利用　140
ヒヤリ・ハット　195
ヒューマンファクター　163
費用対効果　91
ファイル転送　176
ファイルバックアップ　164

219

索 引

復号　146
不正ログオン　143
附属書A　64
物理的アクセス　134
物理的及び環境的セキュリティ　147
物理的セキュリティ境界　147
物理的入退管理策　148
物理的媒体の輸送　132
物理的破壊　133
不適合　35, 90, 104, 105
　――及び是正処置　104
プライバシー及び個人を特定できる情報（PII）の保護　205
フラッシュメモリ　156
フリーウェア　169
フルバックアップ　164
プログラムソースコードへのアクセス制御　142
プロジェクトマネジメントにおける情報セキュリティ　115
文書　79
文書化した情報　21, 79
　――の管理　84
　――のライフサイクル　84
分析及び評価　95
分野別ISMS　8, 14, 64
　――ガイドライン　15
　――認証　15
　――認証制度　16
分野別ガイドライン　64
分野別管理策　16
　――セット　15
変更管理　159
　――手順　183

方針　21
法定保存期間　206
法的及び契約上の要求事項の順守　204
保守計画　154

【マ　行】

マネジメントシステム　2, 24
　――規格　8
　――規格の共通化　8
マネジメントレビュー　99, 100
マルウェア　163
　――からの保護　162
　――に対する管理策　162
無人状態にある利用者装置　153
無線LAN　136
目的　27, 54
モニタリング　76
モバイル機器　119
　――及びテレワーキング　119
　――の方針　119
モバイル端末　156

【ヤ　行】

有効性　34, 95
輸送及び保管管理　190
容量・能力の管理　159
予防処置　106, 195
読取装置　133

【ラ　行】

ライセンス　206
リーダーシップ　46
　――及びコミットメント　46, 47
利害関係者　21, 39, 40, 41

――からのニーズ及び期待　53
――からのフィードバック　99
――のニーズ及び期待　39
力量　73, 74
　――の管理　75
　――の証拠　73
　――の評価　75
リスク　11, 13, 26, 54
リスクMAP　60
リスクアセスメント　28, 52
リスク及び機会　52, 53
　――の決定　54
リスク基準　28, 57
リスク源　11, 30
リスク受容　29
　――基準　56, 57, 106
リスク所有者　12, 29, 62, 65, 128
リスク対応　28, 52, 60, 63
　――計画　65
リスクの決定　54
リスクの定義　53
リスクの特定　58
リスクの優先順位　56
　――付け　91
リスク分析　60

リスクマネジメント　11
　――プロセス　52
リスクレベル　29, 57, 59, 60
リストア　165
利用者ID　137
利用者アクセス権のレビュー　137
利用者アクセスの管理　136
利用者アクセスの提供　136
利用者登録及び登録削除　136
利用者の責任　140
利用者の秘密認証情報の管理　137
類似の不適合　90, 104
ルーティング制御　174
レビューのインプットとアウトプット　100
レビューの実施時期　100
ロールバック　170
ログオン失敗　143
ログ取得及び監視　166
ログ情報の保護　166
論理的アクセス　134

【ワ 行】

ワーム　163

221

■著者紹介

山﨑　哲（やまさき　さとる）

【略歴】
　1970 年　京都大学理学部卒業
　1970 年　日本 IBM ㈱入社
　1993 年　日本 IBM ㈱コンサルティング事業部
　2003 年　IBM ビジネスコンサルティングサービス
　2006 年　IBM ビジネスコンサルティングサービス セキュリティ最高責任者(CSO)
　　　　　及び個人情報保護最高責任者(CPO)
　2009 年　工学院大学エクステンションセンター客員教授
　現　在　工学院大学 情報学部 客員研究員
　　　　　ISO/IEC JTC1/SC27/WG1　主査
　　　　　クラウドセキュリティ・コントロール標準化専門委員会　委員長
　　　　　ISO/IEC 27017 (Cloud security control) プロジェクト　エディタ
　　　　　ISMS JIS 原案作成委員会 WG　JIS Q 27001：2014　副主査
　　　　　ISMS JIS 原案作成委員会 WG　JIS Q 27000：2014、JIS Q 27002：2014
　　　　　委員

【講演】
・ISO/IEC 27001：2013　ISMS 要求事項改訂に関する講演(JSA、JRCA、JIPDEC、J-ISMS-UG など)
・クラウドセキュリティの国際規格化の動向に関する講演(JASA、J-ISMS-UG、JISA など)

【著作】
『ビッグデータ・マネジメント』(共著、エヌ・ティー・エス)
『ISO/IEC 27001　情報セキュリティマネジメントシステム(ISMS)　構築・運用の実践』(共著、日科技連出版社)

羽田　卓郎（はねだ　たくろう）

【略歴】
- 1970 年　昭和石油㈱（現：昭和シェル石油㈱）入社
- 1990 年　ICT 子会社出向：情報セキュリティ G マネージャー
- 2002 年　情報セキュリティコンサルティング会社　技術部長兼執行役員
- 2003 年　リコー・ヒューマン・クリエイツ㈱：リコー情報セキュリティ研究センター副所長
- 現　在　リコージャパン㈱首都圏事業本部 ソリューション事業部　エグゼクティブコンサルタント

【保有資格と活動】

　ISO/IEC 27001 主任審査員、ISO 9001 審査員補、情報セキュリティアドミニストレータ、ISO 22301（BCMS）審査員補、AMBCI 会員（BCI 日本支部個人会員）、ITIL ファンデーション、ISO/IEC 20000 審査員補、日本 ISMS ユーザーグループ（インプリメント研究会主査）、ISO/IEC JTC1/SC27/WG1（情報処理学会 情報規格調査会 27000 シリーズ規格標準化作業グループ）リエゾンメンバー、IRCA 諮問委員、公認マインドマップインストラクター

　ISO/IEC 27001（ISMS）認証取得支援、ISMS 運用・強化支援、ISO/IEC 27001 審査員研修主任講師、ISO 22301（BCMS）認証取得支援、BCP 策定支援、ISMS 及び BCP 関連各種研修講師、ISMS 及び BCP のセミナー講演多数

【著作】

『個人情報保護法と企業対応』（共著、清文社）

『ISO 22301 で構築する事業継続マネジメントシステム』（共著、日科技連出版社）

『ISO/IEC 27001　情報セキュリティマネジメントシステム（ISMS）　構築・運用の実践』（共著、日科技連出版社）

**ISO/IEC 27001　情報セキュリティマネジメントシステム(ISMS)
規格要求事項の徹底解説**

2014年 5 月24日　第 1 刷発行
2021年12月 7 日　第 9 刷発行

　　　　　　　　　　　　　　　著　者　山　﨑　　　哲

　　　　　　　　　　　　　　　　　　　羽　田　卓　郎

　　　　　　　　　　　　　　　発行人　戸　羽　節　文

検　印
省　略

　　　　　発行所　株式会社　**日科技連出版社**
　　　　　〒 151-0051　東京都渋谷区千駄ヶ谷 5-15-5
　　　　　　　　　　　DSビル
　　　　　　　　　　電　話　出版　03-5379-1244
　　　　　　　　　　　　　　営業　03-5379-1238

Printed in Japan　　　　　　　　　　印刷・製本　三秀舎

ⓒ *Satoru Yamasaki, Takuroh Haneda 2014*

ISBN 978-4-8171-9517-3

URL　http://www.juse-p.co.jp/

本書の全部または一部を無断でコピー、スキャン、デジタル化などの複製をすることは著作権法上での例外を除き禁じられています。本書を代行業者等の第三者に依頼してスキャンやデジタル化することは、たとえ個人や家庭内での利用でも著作権法違反です。